不要用爱控制我 1

如何识别和有效应对控制你的人

〔美〕帕萃丝·埃文斯 著　　郑春蕾 梅子 译

当代世界出版社
THE CONTEMPORARY WORLD PRESS

CONTROLLING PEOPLE: How to Recognize, Understand, and Deal with
People Who Try to Control You by Patricia Evans
Copyright © 2002, Patricia Evans
Simplified Chinese translation copyright © 2023
by Orient Brainpower Media Co., Ltd.
Published by arrangement with Adams Media, an Imprint of Simon & Schuster,
Inc. through Bardon-Chinese Media Agency
ALL RIGHTS RESERVED
版权登记号：图字 01–2023–0430 号

图书在版编目（CIP）数据

不要用爱控制我 . 1, 如何识别和有效应对控制你的
人 /（美）帕萃丝·埃文斯著；郑春蕾，梅子译 . —— 北
京：当代世界出版社，2024.1
ISBN 978–7–5090–1621–3

Ⅰ . ①不… Ⅱ . ①帕… ②郑… ③梅… Ⅲ . ①心理交
往 – 社会心理学 – 通俗读物 Ⅳ . ① C912.11–49

中国版本图书馆 CIP 数据核字（2021）第 174197 号

不要用爱控制我 1：如何识别和有效应对控制你的人

作　　者：帕萃丝·埃文斯
译　　者：郑春蕾　梅　子
责任编辑：孙　真
出版发行：当代世界出版社
地　　址：北京市东城区地安门东大街 70-9 号
邮　　箱：ddsjchubanshe@163.com
编务电话：（010）83907528
发行电话：（010）83908410（传真）
　　　　　13601274970
　　　　　18611107149
　　　　　13521909533
经　　销：全国新华书店
印　　刷：北京新华印刷有限公司
开　　本：710 毫米 ×1000 毫米　1/16
印　　张：15.5
字　　数：190 千字
版　　次：2024 年 1 月第 1 版
印　　次：2024 年 1 月第 1 次
书　　号：ISBN 978-7-5090-1621-3
定　　价：68.00 元

‖ 燕子　　　　　　　　　　　32 岁　本科　外企财务经理

《不要用爱控制我》实际上讲的是生活中普遍存在，但很长时间不被人重视的心理现象，典型案例就是《不要和陌生人说话》这个电视剧的主题，一个以爱的名义控制自己至亲至爱的人的故事，剧中的男主角，行事初衷总是和结果相背离，他也痛苦过，但结果却是越来越不可收拾。

‖ 布朗·丹泽尔　　　　　　　　46 岁　博士　美国纽约

我读过 400 多部心理自助的书，因为我是心理学博士。当偶然看到此书时，我被震动了，这是我读过的最伟大的书。我喜欢作者毫不畏惧地抛出自己新颖而独特的观点，它令我对控制者的行为实质，一些人为何能够忍受这种行为等有了新的认识。

‖ 冯小康　　　　　　　　　　27 岁　本科　银行职员

我一直厌恶与支配欲强的人一同工作和做朋友，他们总是无视我的存在，只是希望我按照他们的思维方式机械地完成他们所希望的事，可又无法摆脱。《不要用爱控制我》对于控制欲的产生有深层的阐述，使我能够了解控制欲强的人的真实情况，为我提供了多种能与此类人共处的好办法，让我学会了如何保护自己。

▌梁朝晖　　　　　　　　　28岁　本科　公务员

这本书让我幡然醒悟。在过去二十年的日子里，原来不知不觉中我有很多的事情都不在自己的掌握之中，与家人相处，总是习惯于听从家人的意见，依顺于父母的决定；与朋友交往，总是习惯于迁就别人的想法，只用沉默来表示反对。掩卷深思，一种失落感油然而生。然而过去的已经过去，未来却要靠自己来把握。

▌王甲佳　　　　　40岁　经济学硕士　集团公司信息部主任

关于控制与被控制的话题，以前我很少接触。《不要用爱控制我》以一些最常见的人际沟通不畅的现象为切入点，探讨许多人正在努力挣扎寻求的答案，很有意思。

▌白云　　　　　　　　35岁　大专　房地产销售经理

刚开始时，如果有人向我推荐这本书，我会说："别瞎扯了！"然而，看了这本书后，我的人际关系仿佛在眼前徐徐揭开，看到书里的故事就好像我身边活生生的生活案例时，我相信了！

‖ 李婷
21岁　大学生

　　读《不要用爱控制我》这本书，我看到了过去的自己，也明白了未来的方向。在这本书中，我看到了毫不掩饰的真实，看到了人生最细微的情绪，看到了作者细致包容的心和敏锐的洞察力，看到了最符合实际的心理课题。重新审视自己以后，我才开始告诉自己：打破幻觉，找出根源，与强制力共舞！

‖ 王斯逾
36岁　本科　网络公司公关经理

　　读完这本书，相信你会有同样的体会：看到了自己的很多弱点，第一次为自己的性格与心理弱点感到面红耳赤。你会说："哦，原来这书就是为我量身定做的！"你会有一种急切地想要拥它入怀的冲动，会想让它一直陪伴你、指导你。

‖ 刘昊
17岁　高中生

　　相信吧，你会和我一样，感到生活在面前又打开了一扇视野宽阔的门。然后你会微笑着，充满自信地对那些试图驭你为之所用的人说一句："我有我的生活，请不要控制我。"

‖ 汪勇
25岁　本科　报社记者

　　又一部剖析人性的西方译著，挖掘隐藏在人类活动表面之下的心理动机和形成原因，让你发现真正的自己。

‖ 文一心

28岁　南京财经大学学生

绝对有收获，我一口气看完的。"正如我们在平滑的镜子中才能看清自己一样，当我们的个性，不加扭曲地呈现在我们面前时，我们才能清楚地了解自己的内心世界。"而当别人轻易给你下定论时，就扭曲了你的感受，你好像站在了一面哈哈镜前。

这是一本魔书

这本书，每个家庭都应该拥有一本。

因为，最常见的恶性事件，不是发生在陌生人之间，而是发生在亲人之间。

譬如，多个独立调查显示，刑事案件有三分之一发生在亲人之间。在这些恶性事件中，至少有一小半看不到"钱权名利"等物质因素的参与，那些肇事者经常以爱的名义行恶，当他们说，他们的确是因为爱才向对方泼硫酸，或者砍上几十刀的时候，还显得极其真诚。

这种恶性事件还包括大量的精神性伤害：譬如彻底控制对方，不论有多大的物质损失，都坚持让对方与所有的亲朋好友断绝关系；譬如用尽各种办法，伤害恋人，毁掉他们的生活和前程……这样做的时候，他们仍然会说，我太爱他（她）了，所以才这么做。

实际上，这不是爱，而是控制。把控制说成爱，是我们这个世界最常见的谎言之一，而且我们很容易信以为真，并因此受伤或伤人。

关于对亲人的控制欲望，许多学者写了许多著作，但我还不知道有哪本书比帕萃丝·埃文斯这本著作写得更透彻、更有震撼力。

或许，你认为以上那些例子太"极端"了。那么，说一些普通的。

你肯定见过许多人，在同事、朋友和陌生人面前表现得非常有礼貌、非常尊重对方，但唯独对配偶或孩子表现得特别没有耐心、特别粗暴。你或许会猜，这个人一定是对自己的配偶失去了爱，但恰恰相反，当事人会表示，他爱对方，且根本离不开对方。

如果这些现象曾让你迷惑不解，那么，你可以在这本书中找到答案。

如果你特别爱控制配偶，或者你就是配偶的强烈控制欲的牺牲品，那么你必须读读这本书。

如果读懂了这本书——这不难做到，那么你会明白很多事情：为什么开车时脾气大；为什么初恋失败其实是一件好事；为什么你的上司那么难以相处；为什么不管你怎么做，你的父母都指责你做得不对——我一个朋友说，他把水杯放到桌子左边，父亲会斥责他为什么不放到右边，但他猜如果他放到了右边，父亲肯定会斥责他为什么不放到左边。

这是一本魔书，但又是一本写得极其通俗易懂的书，只是略少点趣味。

武志红

著名心理学家

楔子

　　我曾收到一位女士的来信，她一直在反抗她丈夫对她的控制。这位女士在信中详细描述了她丈夫的野蛮行为：

　　——经常对她大喊大叫，让她不知所措，
　　"你懂什么？一边待着去。"
　　"你总是这么不小心！"
　　"得啦，你就是这么想的，别再跟我争了。"
　　"你就不能温柔点，我看见你那个样子就生气。"

　　这些话，会从控制欲很强的人嘴里脱口而出。在家庭关系中，这种口头的责骂或威胁，有时还会伴随暴力行为的发生。
　　——满脸怒气地冲到她面前，从她手里一把抢过正在读的书，撕成碎片，然后丢进垃圾箱。当我继续往下读这封信的时候，被这位女士的勇气深深感动。"我恍惚地走到垃圾箱边，把碎片一张张全部捡了回来。坐到餐桌旁，仔细粘了起来。"
　　六年后的一天，我正在为一本书签售。一位女士从人群中挤了过来，递给我一本全部用胶水和胶带黏合而成的书，她说："这就是我曾写信向您提到过的那本书。"

很多人问我："他们（父母、爱人、同事）怎么会那么做呢？"

他们向我叙述自己的遭遇，更想搞明白一些人总想控制其他人的原因。"为什么那些控制欲太强的人，从不知道他们的行为是多么让人难以忍受？"

另一些人则很郁闷，他们总是没有办法抑制自己想控制别人的念头，即使那些行为严重到使爱人离他们而去。

他们觉得有什么东西突然"控制"了头脑，然后糟糕的事情就发生了。而多数时候，他们对自己的行为和后果毫无意识，直到发生暴力行为，爱人离去之后才幡然醒悟，却悔之晚矣。

侵犯了别人，自己却没有感觉，他们真的着了魔吗？能简单地用"失控"来解释对别人的控制行为吗？这一切的背后，是否隐藏着不为人知的驱动力呢？

本书的目的就在于解答这些问题。我们生活的这个世界充满了无意识行为，本书将带着大家在无意识行为的迷宫中跋涉，进行全新的探索。这个旅途结束之后，我们会对控制问题有全新的认识。

目录

第一部分　暴力、冲突是从控制开始的

有些人习惯将自己的意志强加于人，却一点都意识不到这些行为的破坏性。当你遇到这些试图控制你的人时，你的个性就被"抹杀"了。

第一章　控制大多是无意识的行为 / 003

无意识不是控制的理由，它只是让控制成为可能。

◎ 每个人都会有交流不畅的时候　/ 003

◎ 交流不畅是一方对另一方个性的抹杀　/ 004

◎ 不沟通、不理解是问题的关键　/ 005

◎ 对人对事适度掌控，生活才能惬意　/ 005

第二章　你有控制别人的行为吗？　/ 007

一个难题就是一个好老师。如果一开始就忽略了答案的某一细节，以后，它随时都可能给你带来麻烦。

◎ 为什么会有这么多无意识行为？ / 007

◎ 你存在这些问题吗？ / 009

◎ 意识到了自己的控制行为，却欲罢不能 / 010

◎ 无意识的控制者习惯将责任归咎于受害者 / 012

◎ 人际关系紧张的人，侵害行为的结果与初衷总是背道
而驰 / 013

◎ 行为发生的情境很重要 / 015

第三章　爱往往成了控制的理由 / 017

目的很好，结果却不一定好。

◎ 无视别人的存在，即使目的很好，结果也不会好 / 017

◎ 再好的舵，也需要头脑清醒的舵手来掌控 / 019

第四章　失控是怎么回事？ / 021

失控的时候，他们该何去何从？

◎ 变故之后的失控是可以理解的 / 021

◎ 正常情况下的失控行为，就让人难以理解 / 022

第五章　天性是与生俱来的 / 024

背叛自我就是背叛天性。

◎ 自我定义过程中，你创造出了自己的精神边界 / 025

◎ 精神边界是精神世界与外部世界之间的分界线 / 026

◎ 身体边界的开放程度，影响着人与人之间的交往 / 027

◎ 精神边界受到打击，就会产生失控行为 / 028

第六章　人格分裂及其后果 / 029

　　给自己下定义，这是我们的自由。

◎ 感觉、知觉、直觉和思考可以产生自我感 / 030

◎ 被动式人格分裂是父母对孩子不断进行的心理扭曲
　造成的 / 031

◎ 孩子的边界往往对一切教育开放 / 033

◎ 父母经常随便给孩子下定论，会使孩子失去自我 / 035

◎ 主动式人格分裂使孩子被迫与自我感觉决裂 / 037

◎ 创伤导致的人格分裂 / 038

◎ 文化环境导致的人格分裂 / 039

◎ 人格分裂会使感觉、知觉、直觉丧失 / 040

◎ 没有被逆向定义的孩子，真诚又充满爱心 / 041

第七章　非正常地建立自我 / 044

　　孩提时代，成年人是孩子的上帝，但即使是上帝也不能随便给
人下定论。

◎ 保持真实的自我，虽然痛苦，结果却很幸福 / 045

第八章　伪装及其影响 / 047

　　只有在演戏时，别人才能够决定你的角色。真实生活中，如果
有人按他们的意志给你分派角色，他们就是在玩"伪装"游戏。

◎ 记住，没有人比你更了解自己 / 047

◎ 在有人试图强行控制你时，要懂得保护自己 / 048

◎ 识别控制行为并不容易 / 049

◎ 长期形成的习惯，容易削弱对控制行为的识别能力 / 049

◎ 所处的环境也会逼迫我们抛弃自我 / 050

◎ 需要明白的几个关键问题 / 051

第九章 自我分裂的普遍现象 / 053

只要还有战争存在，分裂就不会消失。

◎ 越是没有自信的人，越是忽视自己的直觉 / 053

◎ 只剩下思考功能的人，团队合作会有问题 / 054

◎ 随便给人下定义者，多半处于失控状态 / 055

第十章 不符合常理的一些沟通行为 / 056

评价陌生人是一种古怪的行为。

◎ 面对陌生人，似乎更容易失控 / 056

◎ 逆向行为的几个典型案例 / 057

◎ 逆向行为：让你的人际关系紧张 / 060

◎ 逆向接触是心理亚健康状态的表现 / 061

◎ 逆向交往的行为普遍存在 / 062

第十一章 逆向联系是控制行为的开始 / 064

对于别人的情况，我们总会有不了解的地方，因为这些都是隐藏在他们内心深处的。

◎ 逆向联系开始于对他人的假设 / 064

◎ 只要是人就可能会有先入为主的看法 / 065

◎ 在夫妻之间更容易发生逆向联系的情况 / 066

◎ 当迷恋"梦中情人"的时候，爱人就会逐渐远去 / 068

第十二章　泰迪——假想的爱人 / 071

　　只有意识到它的影响，才能知道它的存在。

◎ 控制者习惯把"梦中情人"与真的情人混淆在一起 / 071

◎ 得到爱人和失去爱人的过程 / 072

第十三章　藏在幻觉背后的力量 / 080

　　善良的人也会受到幻觉的影响。

◎ 幻觉起作用的原因和过程 / 080

◎ 无视你个性的存在，也会伤害到你 / 083

◎ 受幻觉控制产生的各种荒唐行为 / 085

第十四章　两种完全不同的控制关系 / 088

　　控制关系代替自我联系。

◎ 培育性控制关系是必要的 / 088

◎ 压制性控制关系使暴力行为不断增多 / 089

◎ 正常的人际关系，会让一个人努力去理解对方 / 090

◎ 抵制控制者的攻击首先要破除幻觉 / 092

第十五章　控制者和被控制者 / 093

　　他说，他并不想控制她，只是想使"梦中情人"变为现实。

◎ 如何识别压制性控制者 / 093

◎ 压制性控制关系，会破坏良好的同事关系 / 095

◎ 家庭中的控制关系破坏性更大 / 095

◎ 控制者努力让自己糊涂，被控制者则是真的糊涂 / 097

◎ 压制性控制关系一旦出现，夫妻关系就会瓦解 / 097

第二部分　控制者生活得并不快乐

在本部分，我们会搞清楚，为什么那些控制者本人也会生活在焦虑与恐惧中。绝大多数人都认为，控制者做出那样的行为是无所畏惧的。他们究竟害怕什么呢？

第十六章　不能自拔也无能为力 / 104

幻觉存在的主要目的：为控制关系披上一件理性的外衣。

◎ 实际上，控制者的内心与其外在表现大相径庭 / 104

◎ 只有破除幻觉，控制者才有可能为他人着想 / 106

◎ "杀人，而后自杀"这类恶性事件发生的原因 / 108

◎ 控制者往往根据自己的主观臆想来支配被控制者 / 108

◎ 夫妻之间的亲昵行为可以切断控制关系 / 109

◎ 在家庭关系中，控制者把控制当作爱的体现 / 111

◎ 控制者小心翼翼地守护着对控制关系的依赖 / 111

第十七章　控制者最害怕被控制者有独立的倾向 / 113

对于控制者来说，他们最不希望伴侣具有认识自我的力量和勇气，因为这种个人意识就是分离的迹象。

◎ 对独立的恐惧能够解释许多暴力行为 / 114

◎ 控制者会千方百计地压制独立的倾向 / 115

◎ 真实，对压制性控制者来说是一个威胁 / 116

◎ 控制者非常精于以被控制者的特质为目标，不断采用各种
手段去削弱它们 / 117

◎ 为确保自己的要求得以实现，控制者总以命令取代询问 / 119

◎ 对询问不做反应或做出虚假反应，控制者实际是在维护

控制关系 / 120

◎ 控制者很少实现对被控制者所承诺的事情 / 121

第十八章 为了存在,"我"必须是对的 / 123

如果我是正确的,那么他们必须是错误的。为了存在我必须是对的。我的"自我塑造"不会出错。

◎ 控制者的心理需求——来自外界的认同和接受 / 123

◎ 宁愿放弃自我,也要维护外在形象的人 / 124

◎ 来自文化习俗的影响 / 125

第十九章 控制者的恐惧 / 133

使自己免受恐惧采取的措施,比恐惧本身还要令人恐惧。

◎ 对控制者来说,情感体验是危险的 / 133

◎ 直觉有时能挽救一个人的生命 / 135

◎ 粉碎个性的体验 / 137

◎ 对于控制者,使被控制者与他们成为"一体",是他们孜孜以求的目标 / 139

第二十章 控制者的控制策略 / 141

一个人不需要思考就可以使用控制策略。

◎ 控制者总是通过控制别人来达到目的 / 141

◎ 让被控制者孤立无援,控制者就可以如入无人之境 / 143

◎ 通过辱骂,让被控制者感受到比身体暴力更恐怖的心理暴力 / 144

◎ 跟踪,一种危险的控制手段 / 145

◎ 公路暴力也是控制关系的一种表现形式 / 146

第二十一章　为侵犯行为虚构原因 / 148

逆向建立自我的人，最大障碍是没有意识到已经建立了某种逆
向联系。

◎ 为什么有些丈夫会忽略、攻击真实的妻子 / 148

◎ 控制者虚构事实时，总认为他们说的就是事情的真相 / 151

◎ 没有人愿意在虚幻中生存，因此控制者活得并不潇洒 / 153

第三部分　联合起来共同虚构

在这一部分，我们不再探讨一对一的控制关系，开始进入团体
关系的领域。我们要看看，当受制于幻觉的人聚在一起的时候，会
有什么事发生；还要搞清楚这些"亲密的"关系具有什么深远的
影响。

第二十二章　更加病态的联系 / 158

共同虚构似乎比独自虚构来得更容易一些。

◎ 健康团队对其成员有益，对其他人也没有害处 / 158

◎ 不健康团体形成的目的，是损害他人的利益 / 159

◎ 而多数遭受虐待的人会长期忍受折磨和痛苦 / 160

◎ 信不信由你，联合起来对付他人的现象无处不在 / 162

◎ 非家庭成员一般会被认为是局外人 / 163

◎ 偏见是对幻觉的无限放大 / 165

◎ 一分为二，格言里也有糟粕 / 166

第二十三章　真实是幻觉的破坏者 / 168

> 保持意见一致的最好方法是一致性联系。

◎ 无论是工作还是家庭，服从将扼杀创造力 / 168

◎ 暴乱产生的根源，来自暴徒瞬时的一致性联系 / 170

◎ 邪教中的控制关系，使信徒唯教主马首是瞻 / 171

第二十四章　制度化的控制 / 177

> 毫无疑问，一个"共同虚拟"的世界会充满争斗。

◎ 邪教、恐怖组织、黑社会团体通过将控制关系制度化，牢
牢控制其成员 / 177

◎ 帮派、恐怖组织是一种结合起来对付其他人的团体 / 178

◎ 童工是控制关系走向极端的另外一种表现形式 / 179

第四部分　摆脱控制

> 不管是谁，大多数有控制欲的人，一旦清醒都万分震惊。但他
> 们发现，即使他们很想改变，即使他们想维护关系，渴望摆脱束
> 缚，但真要摆脱幻觉的控制太困难了。到底是什么在阻止他们？

第二十五章　追求强制性力量是为了寻求社会认可 / 184

> 强制性力量如此有力，如此坚定，如此持久，不容忽视。因为
> 它是人类意识的本身。

◎ 只要活着，你就是社会动物，与人交往实在是太重要了 / 185

◎ 人际交往中，如果人为制造联系，后果是可怕的 / 187

◎ 追求强制性力量，其实是一种寻求社会认可的需要　/ 188

第二十六章　真实的联系才是美好的 / 191

简单说，觉得自己并不孤立，就意味着把自己看成整个世界中一个有意义的部分。

◎ 人与人之间正常的联系，是一种心灵上的联系　/ 191

◎ 尽力挖掘你天生的和谐感，它有助于防止人格分裂　/ 192

◎ 人人都是真实世界的一分子，生存在一个和谐的生态
系统里　/ 193

第二十七章　最奇怪的矛盾 / 195

自由赋予我们个性，让我们定义自己，创造价值，每个人自由选择的权力是神圣的。

◎ 我们是世界的一部分，但我们又与众不同　/ 195

◎ 两个人如果毫无区别，他们之间不可能存在交流，因为
这样的交流是毫无意义的　/ 197

◎ 没有自由，认知能力就会减退　/ 198

第二十八章　首先，要打破幻觉 / 199

只有记住自己是如何为幻觉所控制，方可打破幻觉。

◎ 只要愿意，压制者是可以摆脱幻觉控制的　/ 200

◎ 随着越来越多被控制者的觉醒，控制者不得不尝试打破
幻觉　/ 201

◎ 一个打破幻觉简单而有效的方法　/ 202

◎ 抓住幻觉的根源，就可以阻止它　/ 204

◎ 解决有些控制行为只能借助外界的力量，包括法律手段 / 206

◎ 打破幻觉的战略 / 208

第二十九章 明白问题的根源 / 211

像你这样的人如果不想变化，这个世界将不会发生任何变化。

◎ 亡羊补牢，犹未为晚 / 211

◎ 已经建立控制关系的人对独立倾向的反应通常是愤怒 / 213

◎ 独立，需要勇气；恢复，需要时间 / 215

第三十章 与强制力共舞 / 218

只要人们对控制者视而不见、充耳不闻，控制者存在的世界就会充满困惑，甚至困惑于自己的存在。

◎ 了解自我，是与强制力共存的基础 / 218

◎ 与强制力为友，控制者和被控制者都能摆脱困境 / 219

第一部分

暴力、冲突
是从控制开始的

有些人习惯将自己的意志强加于人，
却一点都意识不到这些行为的破坏性。
当你遇到这些试图控制你的人时，
你的个性就被"抹杀"了。

| 第一章 | **控制大多是无意识的行为**

无意识不是控制的理由，它只是让控制成为可能。

与家人、朋友、同事相处时，你是否时常会遇到交流困难的情形，无论你怎么解释，也无法使对方理解你当时的所思所想。事情并不大，可让双方都很不愉快。

◎ 每个人都会有交流不畅的时候

梅走向公司会议室时，脑子一团乱麻，手头那些工作上的琐事，让她有些心不在焉。

"噢……"她刚推开门，一阵欢呼声扑面而来。

"生日快乐！"屋子里所有的人一起叫起来。

"哦，天哪！我都忘了今天是我的生日！"梅又惊又喜，"谢谢大家！"

"嘿，梅，不会吧？"同事蒂嚷嚷道。

"真的忘了。"梅说。

"得啦，你肯定知道的。你知道我们要为你开生日派对。"蒂坚持说。

"我真的不知道。"梅认真地解释说。

"你知道我们为你订了蛋糕，你正等着呢。"蒂的口气已略带嘲讽。

"我发誓，的确不知道。"梅有点无可奈何。

"别这样，你就承认你是假装吃惊的吧！"蒂还是不依不饶。

"……"

"你们别争了，开始切蛋糕吧。"旁边有人不耐烦地说。

所有人的注意力都转向了生日蛋糕，梅却觉得沮丧极了。

"蒂今天怎么了？这么固执，干吗非要强迫我承认我确实不知道的事情？"

梅不明白，屋里其他同事，对她们的争吵似乎也感到莫名其妙。

"没人想在开派对的时候看别人争吵。"梅想，"我并不想争论什么。"

她只是感到蒂的随意猜测侵犯了她，下意识进行反驳而已。这个生日被蒂弄得挺不开心的，而其他同事，在她们争论时也挺尴尬。

这件事，让她想起许多类似的情形。当她向朋友们说起时，他们常说："小事一桩，我也经常碰到，你别太在意。"

忘记自己的生日是有点奇怪，但问题的关键是，蒂无法认真听梅的解释，她也不想去真正理解梅的想法。

这就是控制欲很强的人的一贯表现。

◎ 交流不畅是一方对另一方个性的抹杀

确切地说，此时此刻，无论你与他们认识多久，无论你如何向他们表白，对方根本不会听你的解释，因为他们根本就不关心你的想法，不会去真正了解你。他们可以对你说三道四，随意下定义，根本不认为你是个有独立个性的人，是个不同于其他任何人的特别的个体。

当你遇到那些试图控制你的人时，你的个性常常会遭到"抹杀"，对于控制者来说，你的想法根本不值一提。在夫妻或父母与孩子等一些特别的关系中，这种行为还可能会伴随着辱骂和毒打。

而为维持这些特别的关系，被控制者会觉得精疲力竭，并且要忍受心理与情感上的巨大痛苦，连身体也可能受到伤害。

◎ 不沟通、不理解是问题的关键

小到我们日常生活中的一些矛盾，大到影响人类生存的各种暴力行为，不沟通、不理解或是不愿理解对方都是问题的核心。反对他人的行为——不管是轻微的，例如轻蔑的眼神，还是强烈的，例如对别人大发雷霆——都是没有目的但又似乎可以理解的。这听上去有点自相矛盾。因为这些现象，通常只是试图控制他人的一些表现而已。

现在，请你与我一起，从诸多无意识行为中寻找其真正的目的，发现事情的真相。我想，我们之所以还不知道人们总想控制他人的缘由，是因为生活中的无意识行为太普遍了，大家都觉得它似乎是"理所当然的"。

当我们重新审视自己的经历时，我们会看得更清楚、想得更明白。

◎ 对人对事适度掌控，生活才能惬意

那些伤害我们情感甚至身体的人，都自认为有操控我们的必要。这一发现并不能有效地解决问题，我们必须挖掘这种需求形成的原因。

文化习俗差异、经济发展不均衡、宗教信仰不同都是支配和控制行为的主要形成因素。但我们不能完全归因于此，还有其他更重要的因素。

控制别人的需求是一种很难抑制的冲动，控制者就像着了魔一般，一下子失去了理智。

产生这种冲动的主要原因，深藏在人们的潜意识中，不挖掘出来是无法改变的。认识不到原动力，我们会一直困惑着、痛苦着。

为了揭示这种控制力量，需要考察它在日常生活中所扮演的角色。一旦弄清楚它的影响，我们就会知道它是什么，并尝试着化解这种力量，而不是忽视或者抑制它。

在认识了这种控制力量和它的影响（消极的或积极的）之后，我们还要与它为友，与它和平共处，避免因压制它而带来的负面结果。

| 第二章 | **你有控制别人的行为吗？**

一个难题就是一个好老师。如果一开始就忽略了
答案的某一细节，以后，它随时都可能给你带来麻烦。

很多人都向我讲述他们的经历，描述为摆脱控制做出的种种努力。

另一些人则告诉我自己是如何努力调整企图控制别人的念头的。在
这些案例中，"控制者"已经意识到了自己行为的破坏性，他们因此感
到震惊和害怕。

◎ 为什么会有这么多无意识行为？

本章开头富有哲理的一段话是一位女士说的，我们就叫她"楠"
吧。她现在是一位快乐的已婚职业妇女，一位母亲，还是一位祖母。但
是，楠并不总是这么开心，她的生活曾经一度混乱不堪。那段时间里，
她付出了许多艰苦的努力，就为了搞清楚"出了什么问题"。

在她离开父母之前，辛辛苦苦抚养她的父母经常莫名其妙地贬低她、奚落她，并且对她随意下评语：

"小傻瓜，不要跟我顶嘴！"

"你怎么总是这么自私！"

"你怎么这么笨，连这么简单的题目都搞不明白。"

"除了我们，不会有人喜欢你。"

他们压制她的个性，并一味把他们的意志强加给她，他们自认为，这么做完全是因为爱她。

他们对她的苦恼视而不见，对她的解释充耳不闻，还加以谴责："你以为你是最好的？""你以为你比我们更有经验吗？"多数时候，楠感到悲哀、无助与困惑。

19岁时，好不容易离开了父母，楠遇上了一个看似英俊、有教养的男人。结婚之后，她的丈夫发生了巨大的变化，一改追求她时的无限温情，经常羞辱她，叫她的绰号，冲她大喊大叫，她受到了严重的精神创伤。她觉得，如果继续处于这种状态，不知什么时候，她也许会自杀。她当时不知道该怎么办，因为这些她最亲的人，总说她是造成这一切的祸根。她没有了自信，失去了自我。要从困惑中走出来，她面临着非同寻常的困难。

幸好她是个非常坚强的女性，及时找到了问题的答案，她明白了什么是无意识。

她明白了身边原来有这么多试图强行控制她的人。意识到这点后，她摆脱了困境，把过去抛在脑后，开始了新的人生。

◎ 你存在这些问题吗？

工业社会的到来，提高了人们的自尊，心理治疗也帮助我们获得积极的自我意识。但人们之间试图相互控制的问题，才刚刚开始引起大众的注意。

楠遇到的这些问题也存在于成千上万人的生活中，引发着各种不同的混乱局面。

在人际交往中，很多人都遇到过一些毫无目的、或公开或隐蔽的控制行为。即使有些行为有目的，他们还是很困惑：为什么他一定要控制我？为什么他不明白这样做会破坏我们的关系？他们知道自己在做什么吗？

一个内科医生对我说：

我父亲80多岁，浑身都是病，没多少日子了。于是，我和我的姐姐们，带上各自的家人一起去看他。

当我们围在他床前时，他回忆起他的童年，说起了那些可怕的往事。那是充满训斥和暴怒的日子，令人恐惧。我们知道他的父亲——我们的爷爷，待人和善，深受朋友们的爱戴，但他在家里却像换了一个人，脾气十分暴躁。

父亲的话使我感到压抑，他记得自己童年的痛苦，却没有意识到，他也是这样对待我们的。

医生的父亲从没意识到自己的粗暴行为。他的行为似乎也没什么道理可讲。其实，很多人都能讲出同样的故事。

难道这是上天的意志，有人生来就是凌驾于他人之上的，有人生来就是为了忍受痛苦的？如果这样，我们是否就都可以像那位医生的父亲一样，对自己的所作所为毫不反思。

同时，我们发现即使是那些被别人控制的人，也会做出一些试图控制其他人的事情。曾经有一个男人打自己的妻子，在公共场合随意地辱骂她，他的理由是，"别人怎么对待我，我就怎么对待你"。

◎ 意识到了自己的控制行为，却欲罢不能

那些热衷于控制别人的人一旦意识到自己的错误行为，通常会震惊不已。我曾经听到许多来自不同国家的人说出同样的话："我是个可怕的人。"有的人因为难以接受自己的行为而变得十分痛苦。但不管他们多么后悔，改变自己却非常艰难。

谁也不会真的认为自己是"可怕的人"，他们只是对自己的所作所为难以置信罢了。与前面那位医生的父亲不同，他们对自己的行为和相应的结果都很清楚。那么他们为什么还会那么做呢？

我从不相信控制行为来自因果报应或上帝的安排，也不相信是出于人的本性。我相信，这里有我们尚未总结出的东西，它可以揭示以控制他人为目的的强制行为的本质，解释人们对自己严重破坏性行为茫然无知的原因。本书的目的也正在于此。

我经常与那些喜欢控制别人的人交流，从谈话中我发现，虽然他们表现得十分痛苦和内疚，但他们对是否放弃控制行为的迷茫和困惑却更加显著。

一个委托人向我描述他是如何试图控制自己妻子的：他有时当她不存在，有时则让她感觉总做错事。

没有人能发现我的控制欲,因为我是个对待朋友很友善的人。但当周围没有别人的时候,我就很容易发火,我以为那是"发神经"。我想了解我自己,常常想从自己的朋友那里得到帮助,解决问题,但是,我根本就不知道问题是什么。我在每次"发神经"之后,都非常自责。类似下面的这些行为,会经常在我与妻子之间发生:

- 不和她说话,让她感到孤独和被拒绝。
- 表现得很冷漠,当她问我有什么问题时,我却冷淡地说:"没什么。"
- 有时候出门去玩,故意不告诉她去哪、什么时候回,让她在家里忐忑不安地等一夜。
- 不让她和她原来的朋友来往。
- 如果她问我问题,我就发火。
- 我总说是她的错。
- 我告诉她,结婚前我比现在过得舒心多了。
- 指责她整天不知道做些什么。

当我意识到我所做的一切,我心痛不已。我想要明白这都是因为什么。

这使我想起了另一个男人的苦恼,他刚刚意识到自己正在伤害他所爱的人。"我为什么不能花上十分钟好好想一想?我只是不明白,为什么不能按照本来所想的去做。"他在工作中对员工很尊重,很讲道理,而对孩子和妻子则相反。他不能理解为什么在家里他就做不到这些。

在与我沟通之前,他已经在反思并试图改变自己了,但他总做得不够好。他提醒自己在家里要更热诚、更有礼貌,至少要像在公司里头那样,但往往事与愿违。他不断地与自己的控制情绪作斗争,结果总是备感沮丧、痛苦和绝望。

◎ 无意识的控制者习惯将责任归咎于受害者

还有一种人，以那些压制别人的家伙为榜样，他们的理解往往与问题的实质南辕北辙。这些人不检讨自己，反而将辱骂和暴力归咎于受害者——

"自找的。"

"至少也有部分责任。"

"自己应该预料到。"

"活该倒霉。"

甚至，他们会把控制归咎于一些无形的或不存在的东西，或干脆把它归咎于"魔鬼缠身"。

不可否认，大多数人都不知不觉地"虐待"过别人。这一人类的缺点是可以原谅的。但是有些虐待过别人的人宣称他们没有做错什么，要么就说是被迫的（被受虐者逼迫的），或者称自己的目的是好的，因此大家没有理由埋怨他们。即使是那些做出极端行为的恶棍，他们也不认为自己做错过什么。

媒体披露，1995年2月10日，提姆西·麦克威吉在一封信中写道："在100%得益的情况下，我也可以做做好事。"

麦克威吉是俄克拉荷马大爆炸制造者，那是一场震惊世界的事件。大爆炸发生在1995年4月19日，距离他写这封信仅两个多月。

这次大爆炸曾被称为发生在美国本土最血腥的恐怖袭击，168人身亡，500多人受伤。这难道是做好事？

2001年9月11日，美国遭到了更为致命的恐怖袭击，世界贸易中心和五角大楼的撞机事件震惊了全世界，爆炸夺去了6000多人的生命。学者们告诉我们，恐怖分子是宗教极端主义者，他们相信那些夺去无辜者生命的恐怖行动，来自神的旨意。

这些恐怖主义者的无意识行为已经是罪恶了。

然而，在日常行为中，明显存在着相似的无意识举动，比如为了"让孩子止住哭声"而动手打他们。

这样对待孩子，会破坏他们控制情绪的能力，让他们不知所措。我不断听到打孩子的事情，即使是6个月大的孩子，也可能挨打。

我绝不是把打孩子等同于恐怖主义，但是我要指出，这两种行为都来自实施者那令人恐惧的无知。并且在大多数情况下，当人们反对别人的时候，都觉得自己很有道理，觉得自己很理智。

如果攻击者认为，反对他人的行为是正当的，那么所有的错误都会被他们推到受害者的身上。

◎ 人际关系紧张的人，侵害行为的结果与初衷总是背道而驰

事实是，那些反对别人的行为产生的后果常常与实施者的初衷相反。回到我们前面的两个例子，一个是，麦克威吉想"做点好事"，结果却做了件十恶不赦的事；另一个，想"止住孩子的哭声"，结果却加剧了孩子的痛苦，让孩子哭得更厉害。

如果你遇上这么一个人，他尽做出那些反对你的行为，让你烦恼——乱评价你，歧视你，或是从肉体上伤害你——你会注意到，他对

你做出的这些侵害行为就好像都是你应得的一样。

无论是表现得很强烈、危害极大的行为，还是一些表现轻微的无意识行为，反对他人的行为都有一些共同特征。简单来说，它们有如下特点：

- 侵害者通常认为自己的强制行为是必要的，甚至是正确的。
- 反对他人的目的通常在于控制对方，结果却总是适得其反。
- 反对他人的行为来自对事情的曲解与无知。侵害者几乎都认为他们很清醒、很明白。事实并非如此。

反对别人的时候，人们无法意识到的是什么呢？我觉得这是一个很重要的问题。如果我们能够回答这个问题，如果我们知道他们的无知所在，我们就可以回答以下的关键问题："为什么那么多人想要控制别人？"

我一直无法忘记几年前我碰上的一件事：

有个男人变得很难相处，于是他的妻子离他而去，搬到几个街区之外的公寓去了。她忍受他愈演愈烈的恶劣行为超过20年，最后选择了离家出走。她曾抱有希望，希望他会变好，可以变得温柔体贴、富有爱心，并且希望多年来付出的时间和精力，能换得与丈夫之间的亲密关系。

她的丈夫一直希望她回来，甚至在两年之后还耿耿于怀。在妻子的建议下，他决定和我谈谈。在我们谈话的过程中，我问他是否知道妻子希望他能改变自己的愿望，如果知道，他能改变什么来使她回心转意。

他说："她只想我对她好一点。"

"你可能对她好一点吗？"我问。

"她是因为我暴怒才走的，我怎么能对她好点呢？我就是这么个脾气。"

在我们接下来的谈话中，他处理问题的方式越来越清楚了。说不出什么理由，他就觉得——

如果他表现得十分狂暴与愤怒；

如果使劲吵闹，让妻子认为是她使他发了疯；

如果大肆羞辱和胁迫她，告诉她死了自己做主的心；

甚至干脆暴揍她一顿——

就能够使妻子认为离开丈夫是错的，她就会乖乖地回到他的身边。

很明显，正是他强烈的控制欲，迫使妻子离去，这也是他没有意识到的东西。这并不意味着他在发神经。与所有侵害者一样，他是在不知不觉中施害的。那些制造紧张关系的人，并不是在自觉的情况下伤害了对方，他们的所作所为与他们的初衷背道而驰。

在前面的例子中，妻子和丈夫都渴望亲密关系。但对于不同的人，亲密有不同的含义。对于什么叫亲密，如何做才能达到亲密，双方的观点恰恰相反。一个人对于建立亲密关系存在错误的见解，居然还付诸实践，这实际上消灭了建立亲密关系的可能性。

◎ 行为发生的情境很重要

随着我们研究的不断深入，我们将会明白，为什么有些人的行为——不管他的目的是"建立亲密关系"还是"做点好事"——会与自己的目的背道而驰。既然所有的控制行为都有逆向的性质，它们就可以被认为发生于逆向情境中。

　　首先让我们一起来了解情境的重要性。举个例子，如果你只看到我大声喊叫，面红耳赤，东张西望，我的行为就会显得很奇怪，难以解释；但如果你知道了这一行为发生的情境——我正在观看足球比赛——我的行为就不再是无法解释的了。了解情境或拓宽视野能够很好地解释行为。

| 第三章 | **爱往往成了控制的理由**

目的很好，结果却不一定好。

我们已经知道，习惯性反对别人的行为，经常发生于逆向情境中。大多数控制欲太强的人，无论有意识或无意识，所采取的强制性行为，都是为了满足某种特殊需求，这种需求很可能违背他们原本良好的目的。

由于受到误导，他们会采用破坏性的行为来满足需求，其实多数时候他们根本就不知道需求是什么。结果当然是破坏性行为无法实现所谓的需求，这样就陷入了恶性循环。

◎ 无视别人的存在，即使目的很好，结果也不会好

虽然很多控制者的目的，是想正确地对待别人，并希望别人也如此对待自己，可多数情况下，他们良好的目的总是没法实现，因此付出的努力总是付诸东流。有个古老的故事，叫作"米勒的女儿"：

一个叫米勒的人要和魔鬼进行一场交易，魔鬼让他用自己的一部分地产（后花园）以及上面的东西换终生的富贵。他极爽快地同意了这笔交易，因为他觉得只是损失后花园和花园里的一棵苹果树而已。但是他"考虑"得太不全面，他女儿当时正好在后花园玩耍，因此女儿也被魔鬼带走了。

当妻子告诉他这个噩耗时，为时已晚。米勒和妻子遭受了巨大的精神折磨。他们的女儿非常痛苦，经受了各种折磨，才逃脱魔鬼的控制。

米勒想得到更多的财富，这个目的并不坏，但是他忽视了更重要的东西。

从某种意义上，在魔鬼掠走他女儿之前，他就已经"失去"了女儿。正因为他没真正把女儿当回事，所以当有情况时，也想不起女儿来。如果他真把妻女放在心上，在做这件事情之前，至少应该和她们商量一下。这样他就会知道，女儿当时还待在后花园中，也就不会和魔鬼进行这样的交易。或者，他女儿知道了他的打算，就可以提前离开后花园了。

但米勒没有这么做。实际上，我们每个人都有可能像米勒一样，做事的目的很好，就是不考虑别人，这样就会事与愿违。这个古老的寓言在今天仍然具有实际意义。

我在写米勒的故事时，就经历了一次"米勒事件"：

一个态度和蔼的电工来我家检修电器。我很明白地告诉他："我正在书房工作，如果有什么问题，请先和我打个招呼。"

而他根本没有认真理解我说的意思。就这样，无意识的控制行为发生了：

当时我正在用电脑对书稿做一些编辑工作，突然，电脑"啪"的一下关机了——停电了！所有数据都丢失了。周围没有声响，也没有什么人来向我说明发生了什么事。一阵死寂之后，我飞快地跑到屋外，想弄明白是怎么回事。我的第一个想法是，"他是不是触电了？"

他很好，他正在工作！

是他切断了整座屋子的电源。如果他问问我，就一定不会这么做，但他就像米勒一样，不考虑我的存在，似乎就没我这人。

我告诉他我正在工作，他却置若罔闻？非得我是一个将军或者法官，他才能上心吗？

我把米勒的故事告诉了这个电工。他非常真诚地对我说："今天，您给我上了重要的一课，我永远不会忘记。我原本并不想搅乱您的工作。"

与撕碎妻子书的那个人不同，这个电工向我道歉，并决定以后改正。他本来就不想打断我的工作，只是确实不明白我的意思。

不去理解或考虑别人，这样的人做事情常常适得其反，即使他本来的目的是想帮助别人。

◎ 再好的舵，也需要头脑清醒的舵手来掌控

目的就像船上的舵，它设定了我们的行动路线，引导我们去实现一些目标。但是，即使有最好的目的，有些人还是失败了。他们意识到出了问题，但他们认定自己的目的是好的而不做任何调整，最后他们得到的也只能是负面的结果。

那些通过努力也无法达到目的的人，他们会处于什么样的处境呢？

不能给他的家人创造一个温暖的家庭环境，或者像米勒那样给家庭带来麻烦。

想想下面这个情境，我们就可以明白这些人所处的困境。

有一条船，顺着水流走了很长时间，我们总以为水流会把我们送到目的地。但是，我们突然变得不安，因为碰到了一些暗流，我们的船偏离了航向。

船受到了水流的影响，没有保持航线，所以没法到达我们的目的地。有些人会适应这种变化，进行必要的调整，重新调整舵的方向；但是，有一些人则没有意识到船已经偏离了航向，他们确认自己没有弄错目的地后就会坚持错误的航线，这样只会更快地到达他们不想去的地方。

只有当面前出现一个完全陌生的地方时，这些人才明白走错了路。即使在那个时候，他们也不明白发生错误的原因到底是什么。无论再怎么相信舵，他们的目的还是没有达到，因为一种莫名的力量发挥了作用，这就是一种更深的、更强大的、更隐蔽的水流，一种强大的控制力。

| 第四章 | 　　　　　　　　　　　　**失控是怎么回事?**

失控的时候，他们该何去何从?

　　有一些行为在日常生活中是不可思议的，但在特殊的情况下，却变得可以理解和忍受，同样的行为在不同的情境中，会产生完全不同的效果。

　　当灾难发生的时候，人的行为会发生巨大的变化。有些人在灾难发生时可能会呼喊、诅咒，有些人则变得十分易怒，对周围的人大声叫嚷："该死的! 给我止血带! 快点!"

◎ 变故之后的失控是可以理解的

　　事情发生的场景，可以说明行为产生的原因。我们可以这样解释某种情况，"他因为恐惧而失去控制"；或者是解释另一种情况，"她因内心痛苦而无法控制自己"。如果知道一个人暂时失控的原因，我们就不会在意他的疯狂举动，我们不会顶撞或离开，而是温和地处理这样的情形。

设想你是一场惨剧的目击者，或者突然有人告诉你发生了巨大的变故。在经历了如此大的打击后，你可能会不自觉地抓住身边的某样东西，例如一把椅子或是一张桌子；你也可能坐立不安或者失去思维能力——你失控了。

通常，当人们无法控制自己时，他们总是试图尽可能地去控制外在的一切。他们已经失去了理智，在这个时候，他们会尽力去抓住些什么东西——甚至是某个人。

处于这种状态的人，不仅失去了对自己的控制，连自己在做些什么都不知道，而且似乎已经和自己的日常行为失去了联系。为了能够恢复正常，一个人不仅仅要抓住一把椅子或一张桌子来保持身体的平衡，他还要抓住身边的某个人，然后和这个人说话，希望把这个人控制在自己手中，使这个人按自己的吩咐去做些什么，成为他的一部分。

◎ 正常情况下的失控行为，就让人难以理解

人们可能失去控制的原因有许多种，包括痛苦的感觉，危急情形，或者遭遇失败，等等。如果了解当时的情况，我们就可以弄清楚这种行为产生的原因。但是，对于正常情况下产生的那些让人无法忍受的失控行为，该如何解释呢？

一天早上，杰克打算去买他最喜欢的周报，出门看了看天，感觉有点凉，回头就对妻子婕喊道："该死的，给我衣服，快点！"

　　在这个案例中，杰克并没有把婕当作一个人看待，而是把她看成其他的什么东西。他的命令是粗暴的，他的举动失去了控制，就好像经历着一场灾难，正试图抓住身边的什么人。他的所作所为只是把婕作为自己的附庸，希望婕随时听从他的调遣。

　　然而，他并没有遭遇突如其来的灾难。如果不是巨大的打击使他失去了控制，又是什么在影响他呢？他是如何失去理智的？如果很久以前的打击使他失去了理智，那么是什么样的原因，使他一直没能恢复正常？即使在一个普通的星期天的早晨，他仍是如此，难道他和米勒一样，根本就没把妻子当回事吗？

|

第五章

天性是与生俱来的

背叛自我就是背叛天性。

如果我问："你是谁？"当你向我描述你自己时，会把自己与其他人区分开来：

"我喜欢这种样子，不喜欢那种。

我会这么做……

我的感觉是这样的……

我是这么想的……"

在你描述自己的过程中，你清楚地说出了自己内在的本性，包括你的思想、理念、感受、动机、价值观、能力、潜力、好恶等等。而通过这种方式，你正尝试着随意地给自我下一个定义。

◎ 自我定义过程中，你创造出了自己的精神边界

很明显，随着时间的推移，你会经历更多的事情，认识更多的人，接触更多的观点，你将更加了解自己。

只有当你尝过巧克力核桃冰淇淋之后，你才会知道它是不是比香草冰淇淋更适合你的口味。

随着生活的不断变化，你的自我认识也一直在改变，你需要对这种认识不断地进行修正与调整。你可以想想自己的经历、价值观、行为、思想、目的等等。

你随时可以改变自我认识："我过去很害羞，但现在已经不再害羞了。"从孩提时代到长大成人，你的自我感觉在不断变化，你的自我认识的内容也不断地扩大。"十岁的时候我是个钢琴家。现在我20岁了，我不但是个钢琴家，还是个作曲家。"

我们中的大多数人逐渐塑造着自己，因为我们的经历越来越丰富，但有的人却对自己内在本性的某个方面感到惊异。

一个艺术家第一次接触艺术的时候会明白"这就是我想做的"，一个演员头一回登台的时候可能会觉得"这就是我的归宿"，一个学者看到某一课题会知道"这就是我要研究的"。世界著名的神学者约瑟夫·坎贝尔说，当他小时候第一次接触神话的时候，就是这么想的。

而对于一个多数时间都处于失控状态的人来说，他的自我认识会很差。

长大成人是一个不断创造的过程，也是身体和心理不断发展的过程。"一开始我是一个细胞，现在我是一个人了。""以前我不识字，现在我会写作。"

在每个年龄段，你都能发现新的潜力与爱好。那些个性开放又能真实面对自己的人，在生活中能够更深刻地了解自己。身体长成之后，心理上的成长还在不断延续。如果他们接受这样的心理成长，认识会变得更加深刻、全面和充分。

在自我定义的过程中，你塑造着自己，同时你也创造出了一些未知的心理因素。这个看不见的因素就是精神边界。

◎ 精神边界是精神世界与外部世界之间的分界线

如果没有精神边界，我们就会像滴进一池清水中的几滴墨水一样——很容易就淹没在众人对我们的评价之中，丧失了真正的自我，会相信其他人对自己的认识就是自己本身。

所谓的精神边界是看不见摸不着的，我们可以把它理解为：你的精神世界与外部客观世界之间的分界线。我们给这种无形的界限起了个精神边界的名称，只是为了使我们的讨论更具象一些。

这本书对你了解你的精神边界非常有帮助，而这是很重要的，因为那些企图控制你的人侵犯的正是这条边界。

正如你的身体边界决定了你的外表一样，精神边界决定了你的个性。

你掌管着通过这条边界的一切，你就像一个"看门人"。当你接受或拒绝信息（事件或是经历）的时候，就像在签发或拒签许可证，打开或关上了经过边界的门。

◎ 身体边界的开放程度，影响着人与人之间的交往

同样，你体内的细胞是你生理世界的看门人，它们以特殊的方式保护着你，自动地吸收或排斥不同的物质。

有意思的是，你的身体也似乎在你体形之外延伸出了一个无形的边界。在不同的环境中，人和人之间的距离反映了这种奇特的边界。

我和你从不相识，当你我同时走进一间没有第三人的电梯里时，如果我靠近电梯的一侧站着，你肯定靠着电梯的另一侧站着。

如果我靠近你，你会往后退，下意识地保护自己的身体边界。即使我并没有接触到你的身体，你也会觉得我想侵犯你的个人空间。如果我不小心撞到了你，我还应该向你道歉。

但是，如果我和一个两岁的孩子待在同一间电梯里面，那么我不但会站在他身边，而且还要抓着他的手。一个孩子的边界是开放的，接受所有善意的呵护。

当看见一个人的时候，我们看到的是他的外部特征，驻足于时间和空间之中。肉体上的暴力行为如殴打、性侵害等，就是侵犯了身体边界。一般人都非常清楚别人的身体边界，尽量不去侵犯它。而不注意这么做的人，则常常碰钉子。

那么，与对身体的攻击一样，对精神的侵犯也是有害的。这些攻击行为的目的都是为了控制对方。但是绝大多数人，在最近才开始关注对精神的侵犯。

一直以来，我们对精神边界的关注很少。客观原因是：社会是如此关注外在的世界，以至于我们形成了这样的思维习惯——看不到的就是

不存在。随着原子裂变、微波、新星体的发现，网络交流的出现，我们才明白，还存在着很多我们肉眼看不到的东西。

因为很少关注精神边界，人们有可能把别人的本体与自己的混淆在一起。其带来的严重后果是，所有的关系都会受影响，导致各种各样的问题。

◎ 精神边界受到打击，就会产生失控行为

有些事件很突然，以至于我们无法接受，或是只能逐步地接受。突发性事件给我们的精神边界带来很大的影响，甚至可以说是震动。如果我们遭受的打击超过自己可承受的范围，如果我们无法从这样的经历中摆脱出来，就会感到被压垮或是被生活抛弃。如果有了这样的感觉，就可以判断我们处于失控的状态了。

我和一个老朋友谈起那些失控的人。我的朋友说他有一个久远的记忆：

在他2岁的时候，他的妈妈把他和他姐姐单独留下来几个小时，就在那个时候，他感到一种安全感，并看清了自己，感觉到了自我。接着他问："我一旦失控，所失去的就是这种对自我的感觉吗？"我肯定了他的判断，并且对他这么早就认识到自我感到很惊异。

迄今为止，我们看到反对他人的行为，都发生在逆向情境中。那些不良事端的肇事者似乎都处于失控的状态。在他们试图控制别人、做出反对其他人的行为时，他们完全无视他人，就好像别人不存在一样，他们侵害了对方的精神边界或是身体边界，或者对两者都进行了侵害。

| 第六章 | # 人格分裂及其后果

给自己下定义，这是我们的自由。

正常情况下，没有任何突发事件发生，为什么有人还是会陷入失控的状态？

前面提到的例子中，杰克让妻子拿衣服，不仅没有任何感激之情，还对她恶语相向。为理解这种失控行为，我们需要研究杰克的某些童年经历。这些经历并没有直接导致杰克失控，但对他今后生活的影响是深远的。杰克这种负面性格的形成，就是很多这样的经历，加上其他方面的影响共同作用的结果。

我们还要注意到两个重要的事实，这既与杰克有关，也与那些试图控制别人的人有关：

其一，这些在正常情况下失控的人，他们只针对某些特定的人有这样的行为。例如他们不大可能漠视、羞辱、命令、诅咒他们的邻居、朋友，还有那些陌生人。

其二，当人们处于失控状态时，实际是失去了对自我的感觉。可以说他们出现了自我分裂的现象。

◎ 感觉、知觉、直觉和思考可以产生自我感

在揭示产生自我分裂的途径之前，我们先稍做停顿，探讨一下所谓的"四种功能"，因为当这些功能遭到削弱的时候，就会发生人格分裂。

每个人生来就具有四种功能：感觉、知觉、直觉和思考。这些功能使我们产生自我感。

教育者、雇主和职业顾问，都是以这四种功能为基础，设置各种测验来评估被测试者的人格类型、职业素质和学习能力的。

一个人走进一间屋子，他可能会感受到屋子的温度、气味和颜色（知觉），注意到屋子里人们的情绪（感觉），当把现在的情形和过去相似的聚会进行对比（思考），他觉得一个不常到场的朋友可能会随时出现（直觉）。

虽然，我们出生的时候这四种功能一应俱全，但如果不去用它们，汲取经验的能力、对自身与周围世界的理解，就会遭到削弱。这四种功能，为我们的生存和发展提供了必要的信息。

婴儿都能对知觉做出反应，知道自己湿、冷、饿还是不舒服。他们通过看、听、闻、触摸、品尝来感知周围的世界。他们有感情，会高兴、难过、惊恐——这是由感觉功能来提供的。他们甚至可以通过直觉感受到妈妈情绪的变化，很多妈妈说过这样的话："我要出门的时候孩子能够感觉到。"

在孩子自己能够明确意识到这一切时，他们的内心体验是真实存在的。

如果没有知觉，我们就不知道是否受伤、生病或疼痛。如同知觉让我们保持健康一样，在没有其他可用信息的情况下，我们依靠直觉引导我们避免危险。直觉就像在你耳边轻声细语，"别去那儿"或"别干那事"。

我们的感觉功能，不仅能帮助我们辨别屋子里的气氛，也能让我们知道，自己所经历的是开心还是厌烦，是悲伤还是愉悦。通过感觉功能所体验到的情感，使我们明白我们是谁，我们是什么，什么对我们有益，什么对我们有害。

与直接经历不同的是间接经历：思考。我们对经历和接收到的信息进行加工，形成抽象的概念。对于其他三种功能传递来的信息，我们通过思考对它们进行归纳整理、分析理解，造就一个与外部世界和谐而精彩的内心世界。

切断这四个功能中的某一个，都会引起许多麻烦：机体不平衡、生病，严重的会使人神志不清。比如阿尔茨海默病会破坏人的生理和神经上的"连接"，患者失去记忆，最后会失去其他精神和机体的功能。

许多人在这些功能上存在不同程度的障碍，这些障碍实际上是因其受到分裂教育而形成的。

◎ 被动式人格分裂是父母对孩子不断进行的心理扭曲造成的

杰克3岁时，他的父母，迪克和简，带他到城里给他买冬天的衣服。走走停停了一个小时，时间有点晚了，于是他们急急忙忙地从商店里出来吃饭。杰克有点累，结果一不小心摔倒了，膝盖很痛，他开始大哭了起来。

他的父母急忙拉起他，几乎同时说道："你又没有受伤，哭什么。你就是想引起别人的注意，别浪费时间了，也不怕别人笑话。"这些话影响了杰克的感受，扭曲了事实。这一经历对杰克产生了负面作用，他的内心体验被父母从外在的表象扭曲了。

杰克的身体和心理可以从这次的摔伤中痊愈。但如果杰克不断面对这样的遭遇，慢慢地就无法体验自我、认识自我了。

如果我们"接受"别人对自己的定义，就会认为他们的评价更真实。

这种用别人的观点来认识自我的逆向方式，只能使自我认识更加模糊。

在那次购物事件中，杰克听了他父母的话后，开始相信他的膝盖疼痛是不真实的，或是不存在的，"我没有受伤"，这样他将渐渐失去知觉认知。他会觉得流泪一钱不值，"我没什么可哭的"，这样他将会失去情感认识。同时，他觉得这样做很不好，"我是想引起别人的注意"，他将会失去对坏事的直觉。如此这般，他被教育成只相信事实的反面。

另一个例子仍然是母亲和孩子之间的故事，但类似的争论也经常发生在成年人之间。

有一天，我和朋友正在一家咖啡馆喝咖啡。一位女士，贝蒂，和她的女儿，苏茜，一起走了进来。女儿7岁左右。

她们看着玻璃柜台下的各种冰淇淋。"你要哪种冰淇淋？"贝蒂问女儿。

"我想要香草的。"苏茜说。

"有巧克力的。"妈妈说。

"不，我要香草的。"

"我觉得巧克力的更好一点。"

"不，我就要香草的。"

"你怎么会想要香草的？我知道你喜欢巧克力的东西。"妈妈说。

"我现在想吃香草的。"

"你怎么这么倔，真够怪的。"妈妈说。

随着母女俩的对话不断深入，母亲的话越来越让我听着不舒服。她的话让母女俩之间的沟通越来越对立。贝蒂只管自己的想法，并不想知道女儿对什么感兴趣，可贝蒂的所作所为，就好像她知道苏茜喜欢什么似的。

苏茜的个性遭到否定，她被迫忽视自我需求。她被明确地告知，她内心的想法——她自己的选择——是错的，而别人说的——妈妈的臆断——才是正确的。她还明白，真实的自我想法（想吃香草冰淇淋）并不为自己的妈妈所接受。

贝蒂的动机是好的，她想给女儿买她喜欢吃的冰淇淋，但实际上她侵害了女儿的精神边界。

◎ 孩子的边界往往对一切教育开放

不管怎样，苏茜没有接受她妈妈的独断专行，她似乎可以抵挡这个小小的攻击。她没有被说服，她并不认为妈妈比自己更了解自己的内在想法。但是许多女孩都会屈服于父母的权威。如果苏茜的妈妈认为，她可以在女儿的爱好和选择方面拿主意，她肯定有很多类似的行为。

尽管母亲一再坚持，但苏茜保持了自我，对个人爱好有清醒的认识，这是难能可贵的。苏茜身边很有可能有一个对她影响很深的人，他不断地支持和帮助苏茜保持自我。没有持续的肯定，一个孩子很容易接受父母的判断而放弃自我。

孩子的边界是对一切教育开放的。对孩子来说，父母是神圣的。但是，这些神圣的父母，如果不能正确认识自己，会把孩子搞得无所适从。对特定情境的虚构和疏忽，使许多成年人自己都很困惑。

自然本身不会逆规律运行。即使是一棵树，也是在土地滋养、阳光维持下从内到外成长的。植物知道它们生长需要什么，并且会自己去寻找。它们的枝叶朝向太阳，根须则深深地扎进泥土之中。

孩子们也一样，期望从父母那里得到成长所需要的东西。地球的重力作用指挥一棵树哪部分"向上长"，哪部分"往下伸"。对于孩子，父母的作用也像"重力"，他们教导孩子识别真假和是非。

杰克的父母混淆了真假。他们根本不考虑杰克的感受。随着一些看似不经心、平常的话灌入杰克的耳朵，比如"你又没有受伤"，杰克被教导成不再信任自我。他逐渐忽视了自己的感觉、知觉甚至直觉。如果他完全丧失了自信，他就会放弃思考，不假思索地根据别人的想法判断自己或听从别人行事。甚至他可能拒绝思考，完全感情用事，而根本不理会自己的思想。

贝蒂表现得就好像她知道苏茜的需要，迪克和简也似乎明白杰克的行为和感受，他们的行为方式是相同的，表现得好像他们进入了孩子的精神边界，并且知道孩子的个性——而事实上并没有。他们没有觉得这么做有什么不妥，因为他们根本没有注意到，自己的所作所为产生的恶果。

不是自己的真正感受却要被别人说成是自己的感受，这不是很荒唐吗？有谁能比自己更清楚自己的感受呢？如果我害怕，我自然会感到恐惧，难道会觉得愉悦吗？

◎ 父母经常随便给孩子下定论，会使孩子失去自我

迪克和简一定也想做个称职的父母，是什么扭曲了他们良好的愿望呢？

在孩子成长过程中，父母经常会总结归纳自己的经历，通过思考赋予它们不同的意义。但是，如果他们和自我"分裂"开来，就会失去这种有价值的技能。

正如在平整光洁的镜子中才能看清自己一样，当我们的个性不加扭曲地呈现在我们面前时，才能清楚地了解自己的内心世界。那些在养育者的培养、支持下自由地表达自我的孩子，都可以清楚地"看见"自己。

当一个人给别人下定论时，扭曲现象就出现了。例如，如果我说"我饿了"，有人却反过来对我说"怎么可能呢，你刚吃了没多久"，他们扭曲了我的感受，我就好像站在一面哈哈镜前。

即使我们的父母真正了解我们的内心世界，其他因素也会影响我们，使我们与自我分裂。我们会发现自己不由自主地失控。家庭或者文化环境，对我们的表现和行为也起着限制作用。"你都老大不小了。""不要做得太过分。""坚强点。"

所有的分裂只是程度问题。下面是一些孩子被反向的定义限制了人生体验和阻碍了自我认识的例子：

大家通常认为女孩应该是"温柔贤惠"的，而男孩则被认为应该"有点淘气"。如果一个女孩不跑不跳、不乱攀爬，大家就会说她像个女孩子。一个男孩如果又跑又跳、爬上爬下，人们就会说他像个小子。

在童年，我们依靠别人的评价来了解自己内在的体验。当别人确切表达的时候，我们学会了描述和接受它们。例如，有人很同情地对你说："你好像受伤了，让我瞧瞧。"实际他是在对我们的体验下结论。似乎只有这样才能清醒地了解内心感受，否则就不知道如何理解自己的感受。我们甚至会把虐待当作正常的事。

我有这样一个客户，他并未丧失自我，但很忧郁。当他搞清楚经常辱骂和殴打自己的父母其实是在控制他时，才明白他为什么有这样的情绪。以前他并未感到自己遭受了侮辱和虐待，在自我感觉上从未发现异常，即使是伤感。

这是个极端的例子。他的童年十分孤独，以至于他不知道如何分辨对错。他一直处于"当局者迷"的状态，没有机会认识到什么是错的，就这么过了30年。他说："我刚开始明白我是怎么成长起来的。"

"你是如何长大的呢？"我问。

"父母不让我待在家里，我就住在工棚，还要去干活。那时我只是个孩子，我怎么可能有别的想法呢？我以为这都是理所当然的。

"我知道我需要许多调整，但我的内心已经被触动。我无法形容这种感觉。我知道我能够去爱，并且也有人爱我，因此我知道我会最终把握住真正的自己。"

◎ 主动式人格分裂使孩子被迫与自我感觉决裂

除了被动走向人格分裂之路，你还可能自己主动分裂。

当父母不断给孩子下定论时，孩子就要忍受长期的被排斥感。这种折磨是如此痛苦，而孩子希望被接纳的情感又是如此强烈，所以孩子努力效仿父母的行为，以期得到父母的爱和认可。如此一来，孩子渐渐放弃自我感觉，这不仅是为了逃避被排斥所带来的痛苦，更为了被他们那些感情不外露的父母接纳。

男孩子更倾向于模仿那些感情内敛的男人，就像影视中那些"有泪不轻弹"的男子汉。同样，如果有人告诉他直觉是"女孩子的专利"，他就会忽略自己的直觉。他会以自己的父亲为榜样，学习男子气概；如果他的父亲不在乎身体上的痛苦，他也会努力照着父亲的样子去做。

就这样，孩子慢慢与那些通过感觉、直觉和知觉而来的信息割裂开来。即使孩子长大成人，他们父母的影响，仍然迫使受折磨者不断地失去认知能力。

有一次我和一个人交谈，他很严肃地问我："痛苦和恼怒有什么区别？"

这个男人希望改变自己的脾气，因为当妻子打电话、做家务或其他事情时，只要觉得妻子没有关注他，他就会对着妻子大喊大叫。他自我分裂得很厉害，因为当妻子离开他的时候，他连痛苦的感觉都没有。他就是这样的人，从童年开始，他就不被允许为失去的东西而伤心。事实上，他唯一明确的感觉就是恼怒。

◎ 创伤导致的人格分裂

除了被迫自我分裂（受教育的自我分裂）、主动自我分裂（自己进行的自我分裂），以及因为疾病和意外带来的精神上的伤害之外，我们还会因为创伤丧失自我认识。

当感觉和知觉处于极度痛苦时，我们会失去认知能力，这样的情况会自发地产生。只要是难以忍受的事情，都会给我们的情感带来巨大伤害，而这样的事情无处不在。

这种情感上的冲击，是一种精神上的打击，超出了我们的承受能力。我们只能记得这种事情的零碎片段。随着时间的流逝，多数事情可以被认知，我们也能应付这样的状况了。但是如果经受的是频繁不断的创伤，一旦想起这些不愉快的事情，我们就会感到心神不宁，浑身不自在。

女孩子不常被锻炼得失去感觉、知觉、直觉和思想，因为我们的社会允许女性运用所有这四种功能。她们可以拥有感觉，很多人都认为，哭和情感外露是女性的专利，而不是所有人的特质。同样，女性也可以拥有很宽广的知觉体验，她们的知觉灵敏而细致，对创伤极为敏感。她们也可以按直觉行事。此外，人们也鼓励她们动脑筋（思考功能）。实际上，在美国，这些年来上大学的女性要多于男性。所以，女孩子并不像男孩子那样会主动放弃某种功能。

导致女性自我分裂的往往是某种创伤。这种创伤是如此深刻和持久，使她们不得不选择与自我决裂。当然，这种深度的创伤也常常给男性带来痛苦。例如，有过战争经历的人，往往要长期忍受着周期性创伤带来的痛苦。

◎ 文化环境导致的人格分裂

人的一生，自我感受都处于不断的发展之中。但这个自然过程也受到文化信仰的限制。

那些和你相处的人，以及你周围的文化环境——故事、传说、制度、教条和传统，都会给你定位，就好像除了你自己，别人都知道你是谁，你应该怎样。

在很多人的一生中，自我分裂是占上风的。有的人不但放弃了感觉、知觉、直觉和思考，还深受鼓励分裂的集体价值、传统以及期望的影响。这种对自我分裂的要求通过两种主要方式发展起来。

首先，为了建立一个文明社会，人们必须集中精力于外在的社会需求，结果他们就无法过多地注意自己的内心感受。

其次，有的人在文化环境的影响下，会慢慢抛弃自己的内心感受。

当战争来临，不论如何恐惧，不论对死亡如何提心吊胆，不论肉体上多么痛苦，人们总是英勇地与入侵者作战，以保护自己的家园。

不关注内心感受本来是特定时期必要的规则，但最后却变成了一种根深蒂固的自我否定模式。

有的军人受到大肆赞誉，原因在于，他们将钉子刺入自己和别人的皮肉中，却毫不在乎，这把自我分裂的目标推到了极致。

如果自我分裂和相互虐待备受推崇，有的人就会下意识地想把自己可怕的分裂经历推广给其他人，让他们与自己一样痛苦。

"我们是坚忍不拔的。"（知觉体验遭到了阻碍）"我们可以断定。"（情感体验遭到了阻碍）"我们只面对冷冰冰的事实。"（我们的直觉遭到了阻碍）

◎ 人格分裂会使感觉、知觉、直觉丧失

如果我们被教育得怀疑自己，或是不相信自己的内心世界，那么就会忽视自己的内心感受。我们知觉迟钝："这个伤口是怎么弄的？"或是感觉不灵："我从来就不喜欢这个工作，为什么还要干？"或是无视直觉的提醒："我应该知道不去那儿的。"可悲的是，那个恼火地向妻子要外套的杰克，就是这么走上自我分裂道路的。

追溯到上一代人，当杰克的父母还是孩子的时候，别人也常常对他们下定论。在杰克的妈妈简的童年时期，她受伤时的感觉与杰克是相同的——但她否定自己内心的感受，觉得自己做得不好。除非她表现得好一点（按照大人们对她的期望），不然没人会喜欢她。因此，成人之后简变得对自己很不自信。

简其实有可能最终对自我有一个深刻、清醒的认识，因为她相对于杰克有特殊的优势，她周围的文化环境不但鼓励她开发了自己的智能，而且还允许她发展理解和表达内心感受的能力，因此她并不需要放弃自己的知觉体验与直觉体验。理论上看，她可以保持自我。然而，一次严重的创伤削弱了这个优势。

杰克的爸爸迪克，学会了扭曲自我和自己的感受。他所在的文化环境在支持他开发智力的同时，激励他"坚强不屈"，使他忽视了自身的很多特质。他学会在自己的人生体验中拒绝认识自我。当然也学会了自我分裂。

他不可能对同事的不幸感到难过，男人不就是要竞争吗！

他也无法感受到杰克对他的需要，直觉是女人才有的东西！

他不会因为心疼就停止自己的行为，退缩难道不是一件很丢脸的事吗！

◎ 没有被逆向定义的孩子，真诚又充满爱心

当我们明白了自己的本性时，就了解并相信自己了，由此我们提高了自知能力，并保持与内心的沟通，像苏茜和那个把书粘贴好的女士一样，有了辨认和反抗控制行为的能力。

与杰克的经历相对照，让我们想想一个没有被逆向定义的孩子，大人们没有从外到内地给他下定论，他根据自己的体验来定义自我。他的体验是真实的，并以真实的面目清晰地表现出来，因此他能够认识自我。他能明白自己的感觉、动机、直觉和知觉。他可以描述它们，并且知道这一切都是真实的。

不同的时候他有不同的感受，比如恭敬、勇敢、大胆、有表现欲、惊奇、悲伤、恼火、兴奋或者彷徨。没有什么可以阻碍他了解自己，没有什么能够妨碍他向别人奉献真诚与爱心。

他不用为了服从父母的旨意而忍住眼泪，不用压抑自己的情感；他也不用为迎合父母的需要而扭曲事实，让父母来理解他。这样，他将认识自我，明白自己的感受，知道自己能忍受什么，懂得他的经历蕴含着什么样的意义。

那些受到反向定义的人，是由别人来告诉他什么是他所需要的，他的感受应该是怎样的，等等，他并不清楚自己的真正感受。他们通常不相信自己的感觉，也把握不了自己的经历有什么意义。他们与自我在某种程度上存在着分裂现象。

那么，他们是怎样认识并发展自己个性的呢？

测测父母对孩子的控制状况

下面的测试，从三种不同的情景测查你对孩子的控制状况。请根据你的实际情况诚实回答，并参照书后的解释，加深对自己的了解，以便使你的孩子有一个健康的心理，从容面对未来的日子。

露西是个4岁的小女孩。一天，她和妈妈打算去郊游。"准备好了吗？"妈妈问。"马上就好。"露西坐在地板上一边穿袜子，一边回答。妈妈回头看看，发现她左脚穿了一只绿色的袜子，正试图往右脚上套红色的，显然她喜欢这样穿。如果你是露西的妈妈，你会：

A 马上阻止露西，要她一定穿同色的袜子才能出门。

B 好言相劝，最终让她服从你。

C 提醒她，袜子穿同色的才好看。

D 随她去，孩子有自己的审美观。

E 对露西加以赞赏。

儿子上初中了，你希望他将来考上重点高中，所以每天给他布置额外的作业。有一次，儿子刚完成了老师的作业，就有同学打电话约他出去踢球。你如何对待：

A 绝对不允许。

B 必须做完作业，才能出去。

C 限定踢球一小时，然后马上回来完成附加作业。

D 他只要能完成额外作业，随便踢多长时间都行。

E 反正是附加作业，不做也行。

孩子即将高考，他的成绩一直不错，你希望他报考法律专业，可孩子一直对历史感兴趣，想报考历史系。你如何处理：

A 孩子太幼稚，一定得替他做安排。

B 和孩子商谈，最后让孩子听从自己。

C 找来亲朋好友，让众人说服孩子。

D 只是提醒他，爱好和前途是两码事，最后由孩子做决定。

E 完全由孩子做决定，不施加任何压力。

以上选项A、B、C、D、E所代表的分值分别为：4、3、2、1、0。请算出你的得分。书的最后一章中，专家会给你一些建议。

第七章

非正常地建立自我

> 孩提时代，成年人是孩子的上帝，但即使是上帝也不能随便给人下定论。

如果一个人处在自我分裂的状态中，认识自我就只有一个方式，从外到内地创造出一个自我，这叫逆向创建自我。

这很悲哀，但又可以理解。长期处在自我分裂的状态时，你会成功地学会抛弃自我。你认为自己是谁就扮成谁，喜欢自己是什么样就装成什么样，还特别愿意按照别人对自己的评价来表现自己。

你已经习惯了否认自己的智慧，接受别人对自己的定义，而且是毫无意识的。处在自我分裂状态中的人，并不根据亲身体验来完善自我，而是依据别人的期望、观点和评价来扮演自己。

你的观点、信仰和好恶等，通常不是在自身体验的基础上（这种体验来自人们的生活经历，是一个逐渐完善的过程）形成的，而是从别人那里获得的。父母的指令和文化的影响，往往是其根据或标杆。其结果就是逆向创建了人格。

但这样建立起来的自我先天不足，没有深度，缺乏发展空间，与社会无法融合。理性、温情和宽容——所有这些人性的内涵——在他们身上无从体现。

当人们年轻时，更容易接受别人对他们的评价，即使他们的自身感受与别人的猜测相距甚远。

逆向创建自我的方式很多。下面是其中一种：

一个当前很有才华的哲学家，如果在他小时候人们总说，他只会像他父亲一样做个农民，他就会压制自己的思维，停止对生命的探究。他最终将放弃自己的本性、潜质和爱好，成为一个头脑简单的人。

◎ 保持真实的自我，虽然痛苦，结果却很幸福

反过来，有些人之所以痛苦，是因为他们清楚自己的感觉、知觉和直觉，却经常得到别人的否定。在这种情况下，他们保持着自我认知，但却忍受着不被别人接受的痛苦。

一位女士向我描述了她童年的痛苦经历。与那个被迫待在棚子里的男孩子不同，她幼年时，即明白自己是被错误对待的。比那位男孩子幸运的是，她与外部世界并没有被隔离开，因此她知道与同学们相比，自己是处于多么不同的生活环境中。

小时候，她的父亲把她说得一文不值，对她的想法大加抨击。而她的母亲（数年之后经诊断患有精神分裂症），则不停地抱怨她长得太难看，说她是个累赘。

即使只是一个小孩子，这位女士也不甘受别人操纵。直觉告诉她，

父母这么对待她是错误的，她相信自己的直觉。因为在父母身边的时候，无论她怎么努力对自己说，"爸爸妈妈是非常爱我的"，她还是觉得浑身紧张。

最后她坚信自我，抛弃了父母对她的评价，使他们无法控制她。令人钦佩的是，13岁时她就离开了家，自己找了个住所和一份工作。她不仅从内向外创建了真实的人格，而且还真正把握了自己的命运。

有这样一种人，无论别人如何评论，无论别人如何想要控制，他们都力争保持自己的个性：他们知道别人在不懂装懂，知道别人的话不足信。

正如我们所见的一样，很多人却会轻易接受别人对自己的评价，会相信别人更加了解自己，如此一来，他们就会根据外部信息反向建立自我。

如果老是遭到别人的否定，一个人便很难相信自己。但一个人是应该有肯定自己的能力和自由的，我们可以把别人的言论当成是别人自我保护的伪装。

| 第八章 | 伪装及其影响

> 只有在演戏时，别人才能够决定你的角色。真实
> 生活中，如果有人按他们的意志给你分派角色，他们
> 就是在玩"伪装"游戏。

如果有人对你随意下定论，即使是轻描淡写，也说明那个人正在不懂装懂。他们的言行中到处是伪装，自己却常常意识不到，这样既欺骗了自己，也让别人一头雾水，误以为他们的话是真的，他们的行为是对的。

◎ 记住，没有人比你更了解自己

当有人评论你时——好像他们就是你一样，注意，他们正在试图控制你，多数时候连他们自己也没有意识到这一点。

一旦有人有控制你的企图，他们就开始伪装自己。当他给你下种种定论，行为变得很荒唐时，他们就是在伪装。

当他的言行举止表现得好像你不存在似的，或者对待你就像对待机

器，他们也是在伪装。

控制者通过这种微妙而不易察觉的方式，试图将你控制在他们手中——控制你的时间、空间、资源，甚至生命。

其实控制者只是在不懂装懂，这是因为根本没有人能够钻进你的脑子里去了解你想要什么、相信什么、应该做什么以及为什么要这么做。

没有人能比你自己更知道你的本性、目标、动机、想法、信念、感觉、爱好、厌恶，知道该如何行事以及你是谁。如果有人假装知道你的内心想法："你正准备和别人吵架。"他们恰恰想反了。人只能了解自己，其他的奢求只能是天方夜谭。

◎ 在有人试图强行控制你时，要懂得保护自己

既然只有你能给自己下定论，你的自我认知就是你自己的专利。一个人的自我认知是天生的，不是他人赋予的，你没有必要去证明或是解释它。

尽管事实很明显，很多人还是很难意识到，那些给他们下定义的人，其行为是不合理的。有些人尝试对别人的评价进行回应，结果发现别人的评价（他们曾经认为是有意义的），实际上是胡说八道。

第一章里那个过生日的例子，当蒂说梅实际上记得自己生日的时候，梅是用"我真的不知道"保卫自己的。但是如果梅说"别争了"，那她就是对蒂的臆想毫不认同。

我们现在知道了，蒂自以为了解梅的内心世界——梅的思想、记忆、情绪。但是最有趣的是，蒂对梅说，"你只是假装……"蒂又一次把事实搞反了。

许多人试图在被控制时保护自己，并且把争辩描述成了争吵。这是

争吵吗？我不这么想。我把它们看成是一种斗争，是回击他人入侵、保护自己本性的斗争。

懂得这一点很重要，因为常常是当局者迷："我们吵了起来，我不知道这都是为了什么。"大家常常这么说。并且当我问："你们在吵什么？"回答常常是："我不知道。"

◎ 识别控制行为并不容易

我们总以为，那些假装知道我们本性的人有权力对我们说三道四。例如，从古到今流传下来的传说常常会被人们当成真理，给我们的认知抹上阴影。有一些所谓的定律则为控制行为打掩护。例如，男人擅长逻辑思维，女人擅长感性思维，等等。

如果你相信那些给你下定论的人是理智和聪明的，你就会对他们的无理取闹一概接受。如果意识不到他们行为的无理，就会受到别人的影响，离真理越来越远。

例如，一位女士相信，只要通过做一些事，就能向自己的丈夫表明，自己并非像他说的那样"过于敏感"，这是因为她相信他的头脑是清醒的。

如果对方是专家、企业的CEO这样的权威人士对我们下定义，特别是如果他们有良好的目的，大家就更容易相信他们是正确的，决不会意识到他们也可能在侵犯自己。

◎ 长期形成的习惯，容易削弱对控制行为的识别能力

例如，一个人会相信他哥哥对他的批评，"你什么也不懂"，他会

认为这样的批评是有道理的，因为在童年时代他的哥哥确实比他懂得多。结果，他会试图通过为自己辩解，来证明自己的能力，以改变哥哥的看法——而没有意识到哥哥正处在"伪装"的状态中，哥哥其实并没有权力对他下此定义。

有的人一直相信，某些不断对他们下定论的人是真的爱他们，这一信念遮住了他们的双眼，使他们看不清控制行为的真相。

下面是一个我所见过的最令人悲哀的案例：

有一位女士相信她的丈夫十分爱她，只有他才最了解她自己。虽然她很聪明（不久以后的测试证明了这一点），并且具有歌唱家的天赋（早先的评估也证实了这一点），但是，因为受丈夫对她看法的影响，她认为自己"不聪明"，并且有一副"不出众"的嗓子。这位女士20岁结婚，60岁时成了寡妇。在她剩下的没有丈夫的日子里，种种信息让她重新认识了自己，但为时已晚，她不但为失去丈夫难过，还为失去自己"另一个生命"悲伤。如果她不相信丈夫是因为爱她才对她如此评价，她的生活就会是另外一个样子。

◎ 所处的环境也会逼迫我们抛弃自我

如果一个人的本性常常遭到别人的否定，他就很难拥有自信。作为成年人，精神边界会经常遭到攻击，受到影响，而攻击者常常是出于正义、责任、关爱以及亲情的考虑。

除非我们明白，那些人是在假装了解我们的内心，对我们乱下评语；他们对我们的评价将会遮蔽事实，扭曲认识，模糊我们的视线。如果我们接受这些评价，黑白就颠倒了，把对的说成错的，把错的说成对的。更重要的是，我们会依据错误认知进行人生选择，最后，被别人控制在股掌之间。

在顺境时，人们很难了解自我，因为受流行观点的影响，受别人期望的支配。如果我们忽视自己的经历，这些影响的作用就会更大。

一旦丢掉了自我感觉，就失去了满足我们内在需要的能力。我们甚至不知道这些需求是什么："我想我最喜欢的应该是巧克力冰激凌。"

每当我们接受了别人对我们的评价，就把自己的体验抛在了一边，并且丧失了自我感觉。最终，我们失去了靠知觉、感觉、直觉和思考四种功能获取信息的能力。

然而，只有拥有这些信息，我们才能够做出正确选择，认识自己，在这个世界上表现自我。我们的祖先需要这些功能，以应对自然界的种种危险；今天，这个世界的选择越来越多，我们同样需要这些功能。

即使自我感受十分强烈，如果我们的精神边界一段时间内遭受频繁的攻击，我们也会变得很不自信。我们越是对自己信心不足，就越是容易接受外来的评价，这是一个螺旋式下降的过程。

长时间的攻击最终会动摇人们的自信心——而这是信念、活力和创造力的源头。虽然我们会感到十分不自信，但只要我们把精力放在不断认识自我、保持自我上，同时铭记别人的评价给我们带来的痛苦，就不会轻易给别人下定论。

丧失自信最常见的后果是极端的举棋不定，"我不知道该干什么"。

◎ 需要明白的几个关键问题

如果人们与自我完全脱节，没有了痛苦的感觉，完全自我分裂，就会试图控制别人。这种分裂通常会发生在孩子的童年——如果不断对一个孩子下定义的话。成年之后这种情况一般很少见，因为一旦长大成人，除了诸如战争、毒品、严刑拷打这种极端的伤害之外，很少有什么事情可以让我们同自己决裂。

如果自我分裂的结果是极端和长期的，那么其影响会波及很多人。实际上压制、偏见和暴力都和自我分裂有关。当然，不是所有感到失控的人都会压迫别人，也并不是所有的人总是失控。当一个人有压迫心理时，往往试图控制的是某个特定的人或群体。对于"被压迫者"，与这种行为和平共处是极其困难的。而外人根本无法了解发生了什么事。

1.人们评价我们实际上是在假装知道我们的内心世界，是在对我们精神边界进行攻击。

2.这些攻击如果被接受，会导致我们暂时迷失自我，屈服于别人的控制。

3.当人们长期遭到这样的攻击，就会最终忽视或无视自己的内心世界——处于自我分裂的状态。

第九章

自我分裂的普遍现象

只要还有战争存在，分裂就不会消失。

几千年来，人们学会了关闭通向内心世界的各扇门，最后只有一种功能在起作用：思考功能。

原因是，虽然我们所有的功能都同等重要，但人们还是把思考功能放在首位。虽然思考功能证明了一个著名的哲学假设，"我思，故我在"（出自笛卡尔），实际上，每种功能都向我们提供了不同种类的信息。大家也可以这么说，"我接触，故我在"，"我直觉，故我在"，或者是"我感觉，故我在"。

◎ 越是没有自信的人，越是忽视自己的直觉

可以把我们的各种功能想象成机器中的零部件，随着时间的推移，这些功能也会发生变化。而很多人已经被训练得与其内在体验完全隔离了，他们最后只能保证一个部件正常运转——思考功能。

如果这些人被告知，"别想了，服从命令就是"，压制了感觉，忽略了知觉，否定了直觉，他们就成了优秀的机器人——虽然他们也会感到恼火或沮丧。另一方面，如果他们职位得到提升，变成指挥者，大多都无法得到下属的爱戴。

我们需要所有的功能。比如，如果我们失去了通过感觉获取信息的能力，就难以确定自己到底喜欢什么和不喜欢什么。

我的一个客户正在考虑搬家的利弊，他说他刚刚意识到，他不仅需要考虑社区的安全、交通的便利、当地的气候，而且还需要想象一下在那里定居之后的感觉。这对他很有启发。他说这使得他更容易做出选择。

同样，如果我们失去了直觉，会发现很难相信自己。而越是不相信自己，就越会忽视我们的直觉。

◎ 只剩下思考功能的人，团队合作会有问题

有些人被动地、主动地或是因为受伤而失去了内在的感觉，从某种意义上说，他们处在自我分裂的状态：失去了内部世界，他们会很容易"创造"出一个外部世界。这样的世界似乎很真实，他们很清楚它应该是什么样子，并给自己找到主导的地位。

只剩下一种功能的人，甚至都没有上过幼儿园里的集体主义教育课，却想领导那些四种功能俱全的人。可即使是玩跷跷板也需要两个人合作，因此，他们经常会失去对其他人的控制。比如，他们企图控制的人会离开或不服从他们。如果控制者相信手中的人极有可能逃脱，通常会采取压制手段。

在家庭生活中，这些压制手段包括辱骂、殴打，甚至是"一刀两断"。典型的例子是一家之主责骂其他家庭成员，对他们指手画脚，把他们当用人看待。

◎ 随便给人下定义者，多半处于失控状态

我曾经问过数百个人，是否还记得随便对别人下定义时所说的话。大多数人都说记不清楚。他们自己都迷迷糊糊的，可当时还要装作对别人的情况了如指掌。

在那个冰淇淋的故事里，如果现在问贝蒂是不是比她女儿本人更清楚她的爱好，贝蒂很有可能说"不"。如果再问她是不是觉得自己女儿很怪，她可能也会说"不，当然不"。

像大多数不断给别人下定义的人那样，贝蒂可能不大记得自己说过的话，因为她定义自己女儿的时候已经处在失控的状态中了。

如果她说话时正"魂不守舍"，她是记不住自己说过什么的，如果她正努力为自己的女儿做主，却遭到了女儿持续的反抗，她就会更为恼火，用更严厉的方式来对待女儿。她这么对待女儿是因为讨厌她吗？或者是自己太爱女儿了？都不是，此时此刻，她已无法去真正了解女儿内心的真实想法。

我们能够忍受危急之时的失控行为，理解当时行为者的心理状态，但不能忍受大部分时间都处在失控状态的人。他们常常只运用一种功能，具有逆反人格，其行为也颇具逆反特征，与人接触也会带有逆反心理。

第十章

不符合常理的一些沟通行为

评价陌生人是一种古怪的行为。

人与人之间的关系，是我们所处世界的组成基础。关系融洽，和谐就应运而生；关系恶化，就会形成混乱的局面。

一个人如果断绝与其他人的联系，他会怎么办呢？他与其他人之间的关系将会有什么变化？让我们来看一看，当某些人在很大程度上已经与自我分裂的时候，他们试图怎样处理自己与他人之间的关系。

◎ 面对陌生人，似乎更容易失控

那些"只有一个活塞"（只有思考功能）的人，也就是所谓有着逆反心理的人，喜欢以逆向方式与其他人接触。他们实际上会把接触陌生人当成是一个介绍自己的方式，尽可能建立起与其他人之间的直接联系。他们与别人接触的方式通常是告诉别人诸如应该做什么，已经做了什么，将要做什么，等等。

这是一个非常重要的发现。实际上，我认为它是一种更深层次的无意识行为，这种行为在日常沟通中比比皆是。

如果我们与某人经常相处，会自认为对他非常了解，知道他在想什么，想要做什么。可要是因为这样，就可以这样或那样地随便给他下定义，我们很可能会发现自己错了而不得不表示歉意。

但是，如果评价某个陌生人的话，我们的行为就会变得毫无顾忌，并且更加怪异。

◎ 逆向行为的两个典型案例

现在我们来探讨两个逆向接触的案例，看看我们是否明白在接近、联系和沟通时，那些人是如何伪装的；如何在联系和沟通还没有建立之前，与不认识的人之间进行逆向接触。

故事1 笑一笑

不久前的一天，我坐在纽约附近一家旅馆舒适的大厅中，精力集中地安排着曼哈顿之行。我拿起金色的咖啡壶为自己倒上一杯咖啡，突然，我发觉身后有个人似乎正对我说着什么，然后又走到了我的右边。我侧过身，看到一个陌生的面孔。旁边没有其他人，他肯定是在对我说话。

"您说什么？"我问道。

"笑一笑！"

"什么？"

"笑一笑，今天是个美好的日子！"他一字一顿地说。

"什么？"我再次问道，带着不可思议的神情。

"笑一笑，今天是个好日子！"他说道，语气显得更为郑重。

"什……么？"我几乎说不出话来。我无法理解他所说的这些话。这有点荒唐。他说的和我没有什么关系。我满脑子都是我的行程计划，如公共交通时刻、公交车路线和离目的地最近的站点。

我站了起来，嘴里又蹦出了一句"什……么？"那人不再大声说话，走开了。我注意到了他的胸卡，这才明白他参加了我前天发表了演讲的会议。

我想，他可能认为我是认识他的。他想通过告诉我笑一下的方式，与我联络感情，好像我的脸部表情就应该变一下似的。他以为自己能够知道我的想法和感觉，认为这样就可以拉近我和他的关系，好像给我下定论就是建立联系的一种方式。

这个要求我微笑的陌生人可能以为，他已经或是能够和我建立亲密关系了，因此可以告诉我该如何去做？

尽管没有什么危害，但对于这种方法我不敢苟同。对于陌生人，甚至是那些我非常熟悉的人，我从来没有随便要求他们笑一笑。

恰好在第二天的早上，在同一家旅馆，发生了另外一件有趣的事：

故事2 "你看得太多了"

我正在餐厅里吃早餐，看着报纸，距离我不远的地方有人离开了餐桌。非常奇怪的是，像前一天早上一样，我突然听到后面有人对我说话，但这次他是走到了我的左边。"您说什么？"我问道，并抬起头来，与一个陌生人的眼光相遇。

"你看得太多了。"他说道。

"什……么？！"我带着比前一天更加难以置信的口气问道。

"你看得太多了。"他有些尴尬地重复道。

"什……么？"我又一次问道，我努力想理解这个陌生人话里的意思。

他似乎有些局促不安，嘴里咕哝着诸如"它们已经过时了"和"不要相信它们"之类的话。他也戴着胸卡，显然他也听了我的演讲。

他试图通过告诉我"看得太多了"来与我沟通——好像我的所作所为很过分（与什么相比算过分呢？），似乎我们是那么"亲密"：他熟悉我的想法、感觉，甚至了解我的阅读习惯，知道我应该做什么。似乎给我下定论就是一种沟通的方式。

如何解释这些奇怪的交往方式呢？

在这两个例子中，别人还没有了解我，就开始对我的内心想法说三道四。

一些不自知、自以为是好意的人想与我们交往时，很可能会被拒之门外。因为当这些人试图与我们接近、交流或者认识时，会以逆向方式与我们接触。

一旦有人开始给我们下定论，他们就会与我们疏远。只有当他们向我们做自我介绍，或是询问我们的情况时，才能走近我们。就这样，我们开始了解他们，他们也开始了解我们。这是唯一有效的方式。

例如，那个说"你看得太多了"的人如果是这么说，"不好意思，打扰你一下，我是……我听了你的演讲，我想知道……你有时间吗？"我就会和他很好地交流。

我认为这两个陌生人并不是想吓我一跳，或是让我迷糊，他们只是做得好像比我自己更了解自己。

在第一个例子中，我并没有解释为什么不笑；而在第二个例子中，也没有反驳他对我阅读情况的断言。如果那样做了的话，我岂不是给别人这么个印象：他们可以通过逆向方式和我交往？我岂不是默许其他人可以侵犯我的精神边界？

如果对这些人侵者进行辩解和反驳，他就会以为："我很了解他。我知道他应该怎么做。实际上，他只是在解释，为什么他这次不同意我的意见。这只能说明在多数情况下，我的确知道他应该怎么做。"

◎ 逆向行为：让你的人际关系紧张

跨越边界的一小步就能预示着更大一步吗？我多次听到人们反思自己紧张的人际关系，他们总是说："只要我能识别那些细节，就能辨认出它们的实质——那都是控制性人格的表现而已。"

有位女士一直处于紧张的人际关系中，她这几年一直在自我反省。即使已经经过几年的反思，当我把"你看得太多了"这个故事讲给她听时，她说："如果我听到'你看得太多了'这句话，马上就会怀疑自己是不是真的看得太多了，或者奇怪自己为什么给人留下了这种印象。"

即使一个人没有听到别人对他说"你错了"或是"你应该如何如何"，他也可能遭到其他更微妙的待遇。有个客户曾向我诉苦，他必须不断和"亲爱的"妻子辩解，尽管她的确很爱他，但她常常说知道他的一切心思。此外，她还反对他的任何自我辩白。

谈到自己的妻子，他这么描述：

昨天她对我说："这幅画你是因为色彩鲜艳才买的吧。"

"没有，我是因为做比较研究才买的。"

"得啦，我知道你最喜欢这种颜色。你就喜欢和我抬杠。"

当然，我还是否认。我告诉她，我讨厌争论。整个事情让我十分倒胃口。我总感觉不停地受到攻击，我不得不在每件事上表明我的立场。

昨天晚上，我正读着书的时候，她又对我说："你肯定喜欢书里的女侦探，你是因为喜欢那女侦探才看这本书的。"

我解释说"不是这样的"，因为，上周我刚刚看完的一本侦探小说，主角就是男的，我只是喜欢读侦探小说。

为什么她不问问，我最喜欢什么样的画，或是喜欢读什么书。我感觉我正淹没在她对我不断的评论之中，几乎每次我都要向她说明我的独立人格的存在。

◎ 逆向接触是心理亚健康状态的表现

在种种与前所述相似的情形中，一般的人会认为对他们下结论的人是理智的，其实，这些人只是在猜测，一旦发现自己是错的，就会放弃原来的想法。对于那些以逆向方式行事的人，所有的解释只意味着你在告诉他们："这次你错了。你可以给我下定义，但不要用这种特别的方式。"这样反而会让这些人认为，给别人下定论的行为是合理的、理智的，是某种坦诚相待的方式。

一次，别人是让我"笑一笑"，另一次，则说我"看得太多了"，我并没有受其左右，不觉得我应该笑一笑或是少读点报纸。我没有因此受到伤害，也没有为自己辩解。我太惊讶了，所以没来得及做出反应。另一方面，这种奇怪的言论如果出自家人之口，我可能会表明我的态度，指出这种行为的不妥之处，这样家人能更好地了解我。

尽管逆向接触只是小事一桩，容易应付，无法与暴力、黑社会以及其他紧迫的问题相提并论，但逆向接触的问题就像从远处火堆升起的一缕青烟，如果我们无视它的存在，总有一天大火会逼近我们，将我们吞噬。

◎ 逆向交往的行为普遍存在

逆向交往最好的情况是给大家带来困惑，最差的情况则会产生毁灭性的后果。我发觉，那些不能接受甚至是感觉不到自己内心感受的人，不仅从外到内地认识自己，还用相同的方式来认识别人，并且他们丝毫都没有注意到自己是这么做的。

在我的生活中到处是这样一种人，他们觉得这么做是理所当然的。那些人会说诸如"男人都是……"或者"女人应该……"的话。这些言论马上就把全世界几乎一半的人都卷了进去。

我记得，在童年时代，有一个喜欢评价别人的邻居。如果她在通往当地大学的路上碰到一个学生，马上就会说："哼，别以为能上大学就了不起！"

这么做似乎很蠢。但为什么这种行为如此普遍，以至于有的人乐此不疲，而且不觉得尴尬呢？这种行为方式难道不值得我们进一步思考吗？我认为它是值得的，因为它影响到我们所有人。由别人来对我们下结论，这不仅仅是荒谬的——如果我们听之任之，这些所谓的结论会束缚我们。它们就像禁锢我们的围墙，墙砌得越高，越能遮蔽我们的视线，整个世界就越暗，我们就会失去自由、安全、自信、信仰，甚至自我。

当有人任意评价他人的时候，这个评论者在不知不觉中扮演了上帝的角色。这种情况并不罕见，通常也并不引人注目。但我们仍渴望拥有另一个世界，在这个世界里，人们不会相互评论。虽然，这样的世界离我们还很遥远。

分裂的影响多种多样，但都是深刻的。对于一个分裂自我、想要同其他人交往的人来说，这些影响都是有问题的。

第十一章　逆向联系是控制行为的开始

> 对于别人的情况，我们总会有不了解的地方，因
> 为这些都是隐藏在他们内心深处的。

当控制者用逆向方式与他人沟通时，他很有可能在试图建立逆向联系。

逆向联系是真实联系的反面，而真实联系是建立在两人相互沟通的基础之上的。如果人际交往的主要目的是控制对方（这常常是无意识的），那么逆向联系不过是迈出的一小步而已。

◎ 逆向联系开始于对他人的假设

逆向联系总是开始于对其他人的假设和判断，正是这种假设和判断结束了他们之间的种种关系。它既可能来自想和他人之间保持亲密关系的念头，也可能会出自攻击他们的企图。例如，一旦同事这么评价汤姆——"你总认为自己是对的"，同事就不可能再和汤姆交流了，这主

要是因为同事的心目中再也没有真实的汤姆了。

还是让我们来看看杰克的父母。当他们拒绝正视杰克的真实感受，而是根据自己的想法来重新塑造他的时候，他们不可能听到，也不可能看到一个真实的杰克。他们只想要他成为一个完全不同的小孩，这个小孩既不会受伤，也不会叫痛。他们只愿意接纳一个想象中的孩子。结果是他们再也无法理解杰克。

逆向联系是一种病态的联系方式，或者说是一种无意的、错误的联系方式，这种联系方式使我们不能接受真实世界的人。相比之下，正常的联系却是一种感情投入的活动，让一个人对其他人听其言、观其行。

逆向联系的首要征兆是逆向的接触。如果这种接触行为能被人接受，或者让人无法拒绝——如同父母与孩子或上司与下属之间的关系一样——那么逆向联系就正式建立了。

例如，如果有人认为我"看得太多了"，而我进行了辩解，那么我针对的将是"看得太多了"的结论而不是这个陌生人的行为。这样，我在不经意间已经接受了逆向接触，并且与他建立了逆向关系。我等于让自己接受了这样一种观念，即我接受他对我下定义这种方式，虽然我认为内容是错的。即使某些人不接受逆向接触或联系，一些别有企图的人也会不断尝试去建立。

◎ 只要是人就可能会有先入为主的看法

因为"认识别人"包含着对他人的假设，我们可以把这个假设看成一种先入为主的观点，或者是一种幻觉。

例如，我们听到"祖母"一词，内心会勾画出祖母的形象，马上就会想到一位满头银发、戴着老花眼镜、身材臃肿的老太太。碰巧有位祖母是一位身材高挑、披着一头乌黑长发的迷人女性，这是让人很难接受的事实。

另外一个例子是，当人们相爱时，会在潜意识中想到传说中王子或公主的形象。这一形象似乎也融入爱人的身上，人们会以这个标准来看待他们的另一半。就像戴着有色眼镜，"坠入爱河"的人更是只看到对方最优秀、最有潜力的部分，除此以外，他们一概视而不见。

众所周知，一个女孩会把她的男友视为英雄和勇士，而一个男孩会把他的女友视为充满神秘色彩和富有魅力的天使。

随着恋爱关系的深入，这些幻想的"画面"会逐渐回归现实。彼此熟悉以后，他们都会了解对方的优缺点，会把他们的伴侣视为一个真实的人。迷人的幻想被时间和理智冲淡，人真实的一面就会浮现出来，而且这种关系也将变得更加有趣。

如果幻想仍旧存在，问题就会出现——这一系列的幻想取代了恋人的真实情况。因为这种幻想，他们都不能看到对方的真实面貌。

在各种各样的人际关系中，正是我们对别人个性的宽容，才使我们逐渐了解他们，并拉近彼此之间的关系。

我曾经和一些人交流，这些人都认为自己的爱人是一心一意对待他们的。我发现所有的人，都对自己的另一半心存幻想，他们认为自己与爱人是真心真意的。这既是普遍的想法，也是最具破坏性的想法。这种幻想打开了一扇大门，一扇错把想象当成现实的大门。

◎ 在夫妻之间更容易发生逆向联系的情况

你可以设想一种情景，有人对你总抱有非常顽固的看法，以至于在他们看来，你似乎根本就不存在。因此，无论你怎么解释、怎么做，他们也无法理解你。

他们认为你就是他们虚构的人，这个人并非仅仅像幻觉一样在你的头顶盘旋，而已经在你体内扎根了。他们已经把自己思想的触角延伸到了你的脑海中，闯入你的心灵深处，并在那里驻留。如果这种情况真的发生了，逆向联系也就确立了。毫不夸张地说，他们会大言不惭地宣称，他们比你本人更了解你。

这种情况经常发生在夫妻之间。双方以逆向联系的方式相处。我曾经收到数千人的来信，他们在信中都描述了这种特别的经历。一开始他们相处得非常融洽：每件事情都会与爱人商量，交流彼此的想法并互相提出问题。因此就像大家所期望的，他们之间关系融洽，能够及时消除误会，互相理解，统一意见。

短短的几年时间，一切都发生了变化，他们的爱人几乎是在一夜之间就变了样子。以前他们能够耐心聆听对方的话并积极回应，现在都对对方视而不见。

恋人之间结为夫妻，这种变化就开始发生了。即使在婚后前几周风平浪静，它也会随着周围环境的改变而逐渐开始。它可能会开始于男女订婚的那一天，或是他们同房的那一天，或是婚礼举行的那一天，也可能是在蜜月里，或者是夫妻中的某个人辞去工作回家带孩子的时候。

那你就会问：为什么环境的变化，会使夫妻关系从积极健康走向消极呢？对于任何环境来说，引发这一转变的共同因素，就是控制方觉得自己比以前更安全了——他们已经订婚、同居或结婚了，或者因为有了孩子，他或她的伴侣不可能离去了。自始至终，他们并没有意识到，要为自己的另一半提供一个安全的避风港。

当他们确信自己的配偶不会离开时，才会把虚构的人与真实世界中的人重合在一起。这就是他们一直在寻找的安全感。虽然控制者在不知不觉中，把一个虚构的人嵌入真实的世界，但我们往往很容易找到那些导致他转变的事件。下面这个案例正好说明了这一点：

一位女士结婚16年了，她所面对的却是一个对她视而不见、脾气暴躁、常常恶语相向的丈夫。她告诉我，最初8年的婚姻根本不是这样子的。

"你是不是有个8岁大的孩子？"我问道。

"你怎么知道？"她说。

"如果你原来有工作，为了照顾孩子而辞职，就会造成现在的变化。"我说道。

情况正是如此。

我们可以想象得出来，辞职之后，她会更加依赖她的丈夫。此时丈夫感到安全了，因为她已不可能离他而去。可以这么说，他把他自己虚构的人，也就是梦中情人，直接还原为真实世界的人。

我并不认为这个女人的丈夫意识到他已经用虚幻的情人代替了现实的妻子。恰恰相反，就像多数案例一样，他过得太舒服了，所以他不再把妻子看成是一个与他"保持一定距离"的人，觉得并不需要对她加以关注。像一个已婚男人经常表现的那样，他完全放松了对自己的要求，而他梦寐以求的女人就再也找不到了。

◎ 当迷恋"梦中情人"的时候，爱人就会逐渐远去

为了避免这种逆向联系，我们必须首先了解逆向接触。逆向联系在

最初并不那么令人厌恶，"他认为我就是他的梦中情人"或者"她认为我就是她心中的白马王子"。但是，逆向联系一旦发生，如果得不到及时的纠正（而这几乎是不可能的），那么逆向关系就会渐渐向控制关系转变。

有一位成功的中年男子向我叙述了他的成长过程。他能理解"梦中人"这个概念，因为他的确有一个"梦中情人"。她一直发自内心地对他说："你很伟大，你很杰出。"

是的，她总是在那儿，像是满足他内心需要的"人"。当他逐渐长大，这个梦想中的人变成了他的"梦中情人"。我知道，他相信有一天自己会真正找到一个活生生的、能说会动的女孩，这个女孩就和他梦中的那个女孩一样。

直到他到了恋爱的年龄，他开始主动出击去寻找"梦中情人"。他从歌曲、电影以及其他小伙子那里学会了怎样去追求女孩。

他说："我不得不去约会、购物、送花、送礼物，说各种各样的甜言蜜语。"

他不断尝试追求各种女孩来当他的梦中女孩。正如他所说，"我甚至努力想找出衡量各种不同女孩子的尺度。"

他马不停蹄地寻找与梦中人相符合的"女性活体"。他做了所有他认为应该做的事，并且坚信自己能够找到梦中女孩。

"梦中情人"就像是男性阴柔一面的化身——但是没有人意识到这一面的存在。这部分包含着他那些"无法让人理解的"感觉、直觉和感情。在年轻时，他就和自己想象的那一部分联系在了一起，而不是和他真实的自我相联系。

与此相反，对一个女人来说，一个梦想中的男人应该是女性阳刚一面的化身——充满自信、活力。这种"梦中情人"出现的频率不像以前了，因为现在的女性已经比50年前更加自信和活跃了。

在各种夫妻关系中，生活在一起的男男女女维持着表面上无限巨大的安全感（认为他们永远不会分离），试图避免他们因无法相互沟通而造成的后果——悲伤、孤独、容易受伤、犹豫以及恐惧。他们热爱那个自己虚构的爱人，因此不会去热爱真正的爱人。而为了再次肯定他们对"梦中情人"的热爱，在一顿拳打脚踢之后，施暴者会毫不内疚地说："因为我太爱对方了。"

在一种极端的情况下，当某些人杀害了代表其"梦中情人"的那个人时，意味着亲手切断了与"梦中情人"的联系。因此除非他们能够迅速找到可以代替"梦中情人"的人，否则会有自杀的想法。虚构的"梦中情人"是那么的强有力，那些控制者把它当成了现实，它深深扎根于那些控制者的头脑。

为什么控制者要用逆向方式接触其他人，虚构一个想象中的人，并且定位在别人身上呢？这种现象与自我分裂有什么关系呢？

| 第十二章 | 泰迪——假想的爱人 |

只有意识到它的影响，才能知道它的存在。

夫妻关系中，如果压制者试图控制他们的配偶，他自己就会创造一个虚构的人，并且认为这个虚构的人就是他的配偶。他经常和那个虚构的人交流，以至于把虚构的人误认为是自己真实的配偶。

让我们来看一看，这个虚构的人是怎么造出来的，看看控制者如何看待虚构的人，以及如何与虚构的人交流。在人际关系中，如果我们能够理解控制者如何"虚构"他人，那么，我们不仅能更好地保护自己，以免受到别人的控制，同时在面对其他人时，我们也能够识别到底什么是控制。

◎ 控制者习惯把"梦中情人"与真的情人混淆在一起

下面，"泰迪幻觉"会告诉你，控制者是如何"制造"一个虚构的人的。"泰迪"开始时只是假想中的朋友，只是虚构的泰迪熊而已，后来却成了真正的主角。

泰迪是没有生命的，它既安静又完全顺从。控制者希望现实生活中的人也能够这样。

当控制者还是小孩的时候，就会有意或无意地造出虚构的人来，他虽然没有见过泰迪，但是，他在自己的心目中制造出了一个叫泰迪的家伙。这个小孩会尽力把他的泰迪想象成拥有各种各样目标和思想的人；除此之外，这个"泰迪"还能够想其所想，行其所行。控制者把一个虚构的人与真实的人混淆了。

泰迪永远不会离你而去，他会使你顺心满意。他可以是男人，也可以是女人，可以是小孩，也可以是成年人，总之，可以是你想象中的任何人。在控制者早期的生活经历中，泰迪也许是一个全能的父亲，但是到后来，这个泰迪就是他的梦中情人。

在下面的情节中，泰迪就是一个虚构的人，一个想象中伙伴，但控制者会把这个虚构的人，看成是自己真实的另一半。

◎ 得到爱人和失去爱人的过程

现在希望你尽量放松，然后慢慢开始沿着我的思路想象各种情景。让时光倒流，在你年幼时，就有一个想象的泰迪熊。你和想象的泰迪熊玩耍，就像和真的泰迪熊在玩耍一样。

就像和洋娃娃玩过家家那样，你尽力想象小泰迪和他的朋友们。那孩子和泰迪说话，他的声音十分洪亮，孩子气十足。"嗨！泰迪，你现在就待在这里，我过一会儿就回来，好吗？"

泰迪用同样的声音回答说："好的。"

把这幅画面牢记在心中，并且尽力把自己想象成那个和泰迪玩耍的孩子，想象着自己正在和泰迪谈话，泰迪也以同样的语气回答你的问题。

如果你能够通过想象进入那个孩子的内心世界，就会明白下面的情景，它向你展示人们是如何建立人与人之间的广泛联系的。

第一幕：想象中的泰迪永远和自己是一致的

你对想象中的泰迪说："嗨，我一会儿就回来。"

泰迪以相同的语气回答道："好的，再见。"

"嗨，我回来了。"

泰迪说："我在这儿。"

看卡通电视剧时，你也抱着泰迪。

第二天，当你出门时，你对他说："再见！"

泰迪说："再见。"

日子就这样一天一天过去了。有时你会和泰迪谈谈心。

"这是我今天做的事情。"

泰迪会回答说："哦！你真是太聪明了。"

你总是有不同的事情告诉泰迪，而他总是知道应该如何回答。

有时你会把泰迪放到一边。但是那没有关系，泰迪不会离开。有时你抓住泰迪，紧紧地拥抱他，因为你没有其他人可以照顾，所以你特别乐意这样对待泰迪。

多数时候，你离开泰迪时，都会对他说："再见！"泰迪也从不忘记说："再见！"

泰迪总是很欣赏你。泰迪也常常因为你给他一些糖果和小吃而对你十分感激。

第二幕：开始时，真实的泰迪想你所想，思你所思

有一天你的梦想终于变成了现实。

你有了真的泰迪——你的爱人。

泰迪说："你想来点咖啡吗？"

泰迪现在就在你的身边。你觉得很高兴：泰迪把什么事情都做好了，你的什么意见她都同意，在你要求她之前，她已经在考虑能为你做些什么事了。因此，有时你会叫泰迪为你做一堆事情。你确实非常喜欢泰迪。

时间又一天一天过去，生活依然以相同的方式继续。泰迪依然忙碌不停，她替你赚钱，并在家等你回来。有时泰迪也谈论一些琐事，但是这些事情与你毫无关系，你只是时不时地点头。有时你告诉泰迪你的工作情况，泰迪会说一些类似"哦，那太好了。你真的太聪明了"的话。

你知道泰迪会想你所想，思你所思。

第三幕：慢慢的，泰迪开始悄悄发生变化

随着时间的流逝，泰迪有时会说一些奇怪的与往常不同的事，而你一点反应也没有。那些话就像噪声，和你所思考的问题一点关系都没有。

有一天早上你说："再见！"

泰迪用你非常熟悉的语调回答道："你什么时候能回来！"这样的话你从来也没有听到过。

你大吃一惊。

你一直熟悉的泰迪消失了！你想大声尖叫："我的泰迪到哪去了？泰迪从来都没有这样对过我。"泰迪发生了如此大的变化。你感觉如此孤独、如此震惊，好像泰迪现在成了你的敌人，她在反对你。

你咬着牙，十分恼怒地回答道："你问我什么时候回来！这是什么意思？"

一切好像在土崩瓦解。这一切都是因为泰迪。泰迪怎么会做这样的事情呢？你勃然大怒。

你说："该死的，你到底为什么要盘问我？难道你唯一能做的就是盘问我吗？"

泰迪的声音非常微弱："我只是想知道我有没有足够的时间参加一个聚会，想知道能不能与你共进晚餐。我也想知道你会不会早点回家。"

突然之间，你听出了泰迪的声音，那个声音听上去还是那样的熟悉。

"唔，你为什么不直接说这些呢？该死的！"

泰迪说："但是我就想知道……你什么时候回家。"

你说："你能不能就此打住了？你得干点正事。"

然后你就出门了。

忙碌了一天，你回了家。你一无所求，只是想放松一下，好好抱抱泰迪。

你一进屋就像往常一样说：

"嗨，泰迪！"

泰迪的声音完全变了："哦，你好！"

你说："该死的，你出什么毛病了？"泰迪的声音听起来和以前完全不一样，你很疲惫，同时也很气愤。这一点也不像泰迪平时的所作所为。

泰迪非常痛苦地呻吟道："唔，我不舒服。你是不是在生我的气？"

"我不知道你怎么会冒出这些想法！"

泰迪说："我想知道你到底为什么生气？"

你更加生气："没什么！我告诉你！现在你能不能别乱想？你总是钻牛角尖，你的问题让我感到恶心。"

"……"泰迪一声不吭。

一切似乎都恢复了正常。

第四幕：随着问题的不断暴露，泰迪和你之间的矛盾越来越多

晚上你回来时说："嗨，泰迪。"

你环顾四周，什么声音也没有。

泰迪在床上静静地坐着。

你问道："出什么事了吗？"

泰迪回答道："没有什么事。我只是在想事。"她继续说："我想我们之间发生了一些问题，我想我们应该一起去看一下心理医生。"

你不耐烦地说："我为什么要去看心理医生？"接着，你更生气地说："只有你才行为古怪，你心理才有问题。"

泰迪有点生气地反驳道："我没有。"

你边走出房门边说："哼，你还是自己去看心理医生吧！你最需要看看心理医生。你还是去看一看为什么你最近老是举止反常。"

几天之后，泰迪去看了心理医生。

你回到家，进屋的时候，你说道："嗨。"

泰迪回答道："我想求你一点事。"

"唔，什么事？你说吧！"

泰迪回答道："医生叫我和你一起去。"她看上去十分安静，眼睛直盯前方。

"什么医生？"

泰迪说："我感到很难受，我真的快发疯了。"

"为什么我要见医生呢？"

泰迪说："因为医生想你去。"

"唔，如果那样能使你解脱，我想我没什么可说的。我们什么时候去？"

泰迪告诉你日期。在约定的时间内，你们一起去见医生。你希望只要去一次，泰迪的问题就能得到解决。你自己惹的麻烦最终得到的就是这些。在你们关系疏远之前，泰迪就开始了一些反抗。

会面当天，你告诉医生泰迪最近一直对你怀有敌意的行为和老盘问你的话。你觉得她近一年好像变成了另外一个人似的。

医生告诉泰迪，让她多理解你的心情，希望泰迪能够更体贴一些，能够更多地表现出一些关心，不要再问你类似的问题，同时也希望她能自信一些。

医生告诉你，对待泰迪要有耐心，并向你推荐一个大夫，说他能够帮助泰迪缓解痛苦，因为泰迪的确十分痛苦。

她说，也许这是冬天的缘故，泰迪需要更多的阳光。

她还说，如果那不起作用，她还认识一个医生，那个人能帮着看看泰迪是不是要服用些激素。

知道有人能够帮助泰迪恢复正常，你松了一口气。

第五幕：终于，泰迪从你的生活里消失了

几个星期之后，生活还是依然如故。

有一天回家之后，你对泰迪说："嗨，泰迪。"

没有人回答。你在屋子里转来转去，结果发现泰迪坐在床边，正在收拾行李。

"你到底想干什么？"你嚷道。

泰迪用非常微弱的声音回答："我要离开了。没有什么能够帮我的忙，我必须走了。"

你说："你哪也不能去，我还在为你努力。"

泰迪抓住箱子，突然跑到门口。你追了过去，十分恼火。最后你抓住了泰迪，把泰迪推到地板上，吼了起来：

"我为你做了一切，你这疯婆子！精神病专家也都不了你。你再试试看，我让你吃不了兜着走。"你真想跳起来痛打泰迪一顿，但是你最终没这么做。

突然之间，你听到从自己心里发出的声音：我再也不想和你玩了，我要去寻找新的泰迪。

泰迪坐在角落里静静地流着泪。

你想，也许泰迪已经听到了这个声音。一切如故，和几年前没有什么区别。泰迪也不再捣蛋了。

第二天，你说："再见，泰迪。"

泰迪很快地答道："再见。"

那天晚上你往家赶时，心里直纳闷：为什么泰迪不像以前那样有趣了呢？

可当你到家时，泰迪已经不见了。不知为什么，你感觉到身体里也似乎少了点什么。

很多人都非常熟悉这个故事，认为自己就是故事的主人公。

有一个客户，长期和丈夫分居。她说最近接到丈夫的电话，她丈夫说不能理解她为什么离开他，并想让她回去。她告诉他，她不会这样做的。

当她向丈夫说了不回去的理由时，丈夫却告诉她，她应该知道他其实并不想杀她。

我问："杀你？他到底对你干了些什么？"

"他用小刀顶着我的喉咙，而他却说当时我应该知道他不想杀我。"

又是单方面的想法！

她说："我唯一能做的就是离开这个城镇，以免受他的迫害，就像为逃避迫害而逃亡到国外的人一样。"

显然，这位女士的丈夫确信她知道他脑瓜里想的是什么。他虚构出了一个妻子，他们之间非常"亲密"。

| 第十三章 | # 藏在幻觉背后的力量

善良的人也会受到幻觉的影响。

为什么善良的人也会随便定义别人，而且自认为做得没错呢？

是什么促使一个人无视其他人精神边界的存在而攻击其他人？难道把握自我——思想、身体、精神还不够吗？

我相信存在着某种幻觉，泰迪幻觉就是它的一部分。我相信几乎所有的人都会随时随地受到幻觉的影响。我相信摆脱这种幻觉是我们最大的愿望之一；同时我认为，要实现这一愿望，需要具备一种追求和理解知识的热情。

◎ 幻觉起作用的原因和过程

下面的故事里，我们将会看到幻觉是如何起作用的，同时我们也会知道一个受幻觉控制的人，是怎样把其他人想象成自己心中的角色的（这一角色并非对方的选择）。

玉米的故事（一）

某个星期六早上，我去附近的集贸市场买玉米。那天，我排在一对穿着体面的老年夫妇后面。当排到他们时，我听到那个女主人要24穗玉米。那些玉米每3穗卖1美元，她付了20美元。

当她拿到找回的钱时，看到有一张10美元的钞票，她觉得很惊讶。"哦！我没想到买24穗还能找回这么多钱！"她笑着说，"也许是我们来得太早了，别人算账都算不清呢。"

突然，她身边的丈夫生气地对她嚷了起来："你这家伙连一点该死的零钱都算不清楚！"所有人注意力一下集中到丈夫身上来。

那位女士，似乎和在场的所有人一样，被她丈夫的咆哮惊呆了，站在那里一言不发，她看起来快晕过去了。

这对夫妇离开后，排在我后面的人开始议论那个男人所说的话。他们表现出对那位女士的同情。我觉得更为重要的是，她的丈夫一直假想妻子算不清零钱，他的所作所为似乎是因为妻子的这一"情况"使他忍无可忍了。

如果他没有被局限于狭隘的思想中，那为什么不私下里小声问问妻子，能不能把该找多少钱再算一遍？如果他坚持认为她的确算不清楚，为什么不自己来算呢？难道他不关心自己的妻子吗？难道没有比这更人道一些的方法吗？

我认为有一种东西在不断增加他的烦恼，这种东西阻止他对自己的妻子采取理智的行为，使他弄不清楚到底发生了什么。这个东西是什么呢？它如此强有力地控制着他，以至于他好像受到某种无形力量的控制。我不会因为这种无形力量的影响就原谅他的行为，他应该对自己的行为负责。

但是这种影响十分强大，幻觉蒙蔽了那个男人，使他不能了解这样的事实：只有他妻子本人才清楚是否需要算账以及什么时候算，妻子的自我认识是别人无法了解的。而那个男人则自认为了解妻子的内心世界，但是除非他能够证明——问问妻子——否则他还能怎么做呢？

和前面几个故事中提到的一些人一样，这个男人也是在应用"逆向方式"。他的行为表明他自认为无所不能，能够在妻子告诉自己是什么样的人之前，就搞清楚妻子的形象。更让人吃惊的是，他自己被自己所虚构的形象激怒了。

我发现，如果人们做出某种行为而没有意识到这是幻觉在起作用时，它的影响会更强烈。如果他们继续向相反的方向前进，没有什么可以阻止他们，他们就会越来越受到幻觉的影响，行为也会越来越失去理智，以至于显得非常怪异。有些人内心有停止的意识，他们会亮"红灯"阻止极端行为的发生；但是有些人却做不到，他们甚至去闯"红灯"。

让我们把焦点集中在这个幻觉上，看看我们怎样才能发现它。

玉米的故事（二）

在买了 12 穗玉米之后，我把玉米带到我的车上，车就停在市场附近一个停车场里面。旁边的一辆车里，一位男子正在往后车座放一些东西。他看到我过来，直起身子对我说："你现在就走吗？"

"不。"我答道，声音里带着点不解和疑惑。

他很敏感，一下意识到了我的言外之意，马上解释道："我只是想弄清楚你有没有足够的空间倒车，还有，我是不是靠得太近了。"

我说："我倒得过来，谢谢！"

这时，我认出他了。他就是几分钟之前那个火冒三丈的人（被幻觉控制的人）。就是他，没错！

但是他现在却判若两人。我还是想确认一下到底是不是他。于是我问道："你是刚才那个排队买玉米的人吗？"

他有点粗鲁地答道："那是我的妻子买玉米，那家伙自个儿找骂。"他真有点像变色龙，一下子由一个十分文雅的人变成了一个暴徒。

我站在那里目瞪口呆，我想我应该说点什么。他又一次在给自己的妻子下定论。

我很平静地说道："那些排队的人都在谈论你对你妻子说的那些话。"

他的嘴巴张得大大的，一句话也说不出来。

我的话促使他反思自己的行为。

我又回去继续买我的东西。也许，就在那一刻，他通过别人的眼睛看到了自己。

我并不清楚这样是否能打碎他自己的幻觉，能不能使他从幻觉的束缚中解脱出来。

在接下来的章节中，我们将揭示什么是幻觉，幻觉到底有多深，以及隐藏在幻觉背后的强制力量。

◎ 无视你个性的存在，也会伤害到你

我们在前面讲到了一些案例，例如"笑一笑""你看得太多"以及"玉米的故事"等。在这些故事中，那些逆向思维的人做了一些十分愚蠢的事情。无论这些事情有没有给别人带来伤害，在所有情况下，这些

人都没有意识到自己行为的荒唐之处，并且也不清楚自己行为的目的。相反，他们都对自己的行为十分自信，总是认为自己做的事情是正确的。

很自然，"笑一笑，这是非常美好的一天"或者"你看得太多"这类语句就像雨水一样溅在我们身上，虽然它们并没有渗入到我们肌肤里面，也没有侵蚀我们的精神，但是的确需要警惕。如果我们没有意识到这些雨水的存在，它们就有可能会汇聚成洪流，那我们的精神就可能像火一样被逐渐浇熄。当别人告诉我们，应该怎么样，该怎么做，或者应该做什么，他们事实上是在施行一种非常危险的心理暗示。

即使你不相信其他人对你的评价，他们无视你独立个性的存在，也能扰乱你的安宁。

有一对夫妇卡特和朵拉来我这里咨询。两个人都希望有一种幸福和融洽的关系，但时不时就有问题发生。这次，朵拉描述了一件特别的事情，这件事由卡特引起，而且确实伤害了她，但卡特并没能记起这件事。朵拉坚持说她记得事情发生的始末，卡特却总说没那回事，我不知道谁的话更可信。

通常情况下，正如朵拉那样，如果有人对某件事感到十分惊恐和不安，并且能够详细描述这件事情到底是怎么影响他的，还能解释为什么感到恐惧，说明确实发生了某些侵害行为。

虽然卡特有可能用逆向方式对待朵拉，但是我还是不太肯定。卡特接着对我说："每次做完咨询之后，我们都满怀着对彼此的憎恶离开。"我从朵拉脸上看到了无助和伤害，它们的出现并不是因为卡特曾经不经意的伤害，而是卡特后来的话。卡特说她憎恶他，就好像他对她的内心感受了如指掌似的。

事实上，她根本就不憎恨他。她是因为受挫和困惑，才来我办公室接受咨询的。她也希望像其他女人一样爱和被爱。前提是，卡特能把她当作一个独立的人，他们之间才能建立良好的关系。

卡特好像能够超越自己，直接进入朵拉的内心，他在脑海里虚构了朵拉的内心世界，脑海中的幻觉湮没和取代了现实中的朵拉。所以，他一点也意识不到她的痛苦。

◎ 受幻觉控制产生的各种荒唐行为

当有人受幻觉影响时，通常有以下认知：

- 自己能够正确地给别的人或群体下定义。
- 自己关于别人或群体的定论是正确的。
- 别的人或群体应该对他们的行为负责。
- 别的人或群体不会有自己独立的想法和意见。
- 别的人或群体招惹他们做出侵略行为。

同样，在看到具体证据，或是与相关个人和群体接触之前，这个人总是被某种幻觉所控制，认为自己了解别人，知道别人：

- 想什么
- 想要什么
- 想要做什么
- 需要什么
- 做了什么
- 感觉是什么
- 是什么意思
- 目的是什么
- 应该做什么
- 做过什么

- 应该是怎样
- 期望什么

或者，认为别的人或群体是错误的。

当有人产生幻觉的时候，还会对以下这些事情确信无疑：

- 自己的行为并不是奇怪的、无意义的或者是有害的。

- 自己没有心理障碍。

- 自己是正确的。

- 自己并没有受任何幻觉影响。

- 自己并没有玩"伪装"游戏。

- 自己是独立的和自食其力的。

- （在某些方面）上帝和自己同在。

这些幻觉因为文化和家庭方面的原因得到强化，这些幻觉也使得这个人相信自己知道别人在想什么，能够解释别人的动机和想法；能够告诉别的什么是错误的，什么应该做，什么不应该做。

在一个非常融洽的关系中，误会是难免的。一个人会要求得到澄清："你的意思是……"或者表明对于他们来说什么是正确的，哪些是可以接受的。

但是如果有人用逆向方式对待你，他们也许会虚构一些你的情况，在讨论之前就生造了一些情景，包括：他们知道你个人的真实情况，他们比你更了解你自己。那么你就处于幻觉的控制之下了。事实上，即使是最为常见的问候，比如"你好吗"和"你还好吗"，都只有自己才知道。

受幻觉控制是一回事，受被幻觉控制的人控制又完全是另外一回事了。有的人没有意识到自己已经被受幻觉控制的人所控制，这时他们也许会有以下一些幻觉：

- 给别人下定义是合理的。
- 始终坚持别人对他们下的结论。
- 可以通过把自己交给别人而获得爱和信赖。
- 只要履行了别人的命令就是成功的，即使这么做对他们没有什么好处。
- 只有得到别人的允许，才可以做自己的事情。

前几章的故事表明，有人通过很多方式逆向对待别人，并且与别人建立逆向联系。我们已经明白了这些行为的荒唐之处和产生的后果。通过进一步观察，我们意识到，由于幻觉在人们生活中发生作用，所以这些行为要么被忽视，要么被误解。现在就让我们超越幻觉本身，直接研究控制关系。

第十四章

两种完全不同的控制关系

控制关系代替自我联系。

控制就是依据自己的意志，通过身体语言或口头上对他人或周围的环境进行限制，以得到一定结果的行为。

◎ 培育性控制关系是必要的

有两种控制方式。一种是培育性控制，这类控制包括我们对自身、生活以及委托给我们照顾的人的控制，是一种必要的控制行为。另一类是压制性控制，是我们需要摆脱的控制行为。

培育性控制尊重我们自己和其他人的自由，使我们成为我们自己，使别人成为他们自己。而压制性控制则与此相反。

大多数人一生中都在实施培育性控制，他们通过自我选择和采取行动，来保证自己和其他人的生计和生存。这些措施包括：为了长远利益牺牲一些眼前利益；管理他们自己的资源，如金钱、时间、空间和环境等；做好自己的工作和处理人际关系；照顾小孩和其他家庭成员。换句话说，主导自己的生活，前提是不牺牲别人的幸福生活。

当控制者盯上某个人，想建立逆向联系，试图给他套上虚构人的形象，并让他按照自己的意志行事时，他们就是试图去控制这个被瞄上的人。有些人意识到了自己的错误行为，但有些人却没有意识到；有些人能够预想到可能发生的后果，但大多数人没能意识到这一点。

◎ 压制性控制关系使暴力行为不断增多

如果虚构者本身不能摆脱幻觉的控制，特别是如果他们对别人的定义得不到承认，制造不出"泰迪"这一想象中的人，那么，可能会采取更加偏激的进攻行为。也就是说，虚构者会采取压制性控制行为。他们认为与别人之间的关系更加亲密了（也就是赋予了"泰迪"生命），但事实上他们正在不断使用压迫手段来制服别人。

一方面，被那个虚构者所评价的人，常常觉得受到某种限制、压迫，或者感觉到虚构者对他或她的控制企图。但是，如果被控制的人非常年轻或者非常单纯，他或者她也许不会认识到控制手段，也许他们会赞同虚构者，认为虚构者对他们的评价是正确的。另一方面，虚构者试图获得或体验一种持久的关系——一种亲密的感觉。因此，我把这种人和人之间的联系称为控制关系。

虽然控制者可以用逆向方法和任何人建立联系——例如和一个从没见到过的名人建立联系——但只有当他们试图把那个人变成自己想象中的人时，才算开始试图控制别人。然后，这种逆向关系才变成控制关系。

控制关系反映了这样一种普遍存在的方式——一种对待别人的逆向

方式（从外到内），这一方式既没有效果又有危险，它使我们的世界暴力行为不断增多。

压制性控制关系，是由某些处在失控状态的人建立的，他们渴望抓住些什么？他们所需要抓住的不是什么有形的东西，而是别人的心灵，只有这样他们才不觉得孤立，才能体会到某种亲近感；尤其当他们与一个群体建立起联系的时候，他们会觉得自己是理直气壮的。

他们如果不能受到关注或者没有人倾听他们的话语，就会产生焦虑、绝望、惊恐等情绪，以及寝食不安、精神失调或者其他心理疾病；身体方面的症状则是疲惫不堪和免疫功能失调的结果，包括浑身乏力、消化系统失调、慢性疲劳症，甚至会引发癌症。

以下是我和一位客户交谈之后做的诊断：

她病得太严重了，连自杀的力气也没有，整个人处于极度的紧张状态中。她嫁给了一个企图控制她一切的男人。她的丈夫一分钱也不给她。有一次她问丈夫："我怎么做你才觉得满意？"她的丈夫回答道："如果你没有朋友，不和其他人说话，每天在家等着我回来，那样就最好了。"（一个完美的泰迪）

◎ 正常的人际关系，会让一个人努力去理解对方

为了更好地理解控制关系的逆向性，我们首先来看一看，两个人之间健康的人际关系到底是什么样子的。

正常的人际关系使一个人能够认识到另一个人的个性。无论两个人之间通过语言进行沟通，还是通过表情和肢体语言进行沟通，相互之间都会对听到的和看到的事情做出恰当的反应。例如，当听到一个人的好

消息，另一个人可能会说："哦，那太好了。"当看到一个人伤心的时候，另一个可能会说："是什么事让你觉得心烦？""你想把那些烦心事说出来吗？"他们会澄清任何模棱两可的事情："你是这个意思吗？"当他们看着和听着对方说话的时候，会倾注自己的注意力和情感，努力去理解对方的内心世界。

而控制关系，情况就完全相反了。你可以体会一下下面这种情况。假设你这样对你的朋友乔说："嗨！乔，这事你准备怎么做？"而你想表达的信息乔并没有领会。于是乔会说："你这么问是什么意思？你还不知道我要怎么做啊？"

这就是别人没有真正听懂你的话时的反应。这种情况发生的时候，你的"信号"没有被对方接收，他也没有对你做出任何反应，你们之间竖起了一堵墙，阻止了你们之间的交流。那堵墙就是那个虚构的人。

如果你和乔是亲属关系，你会尽力对乔解释说，你确实不知道他到底准备怎么做。很显然，熟悉的人或者同事都会尽力解释自己的意思。

现在请你想象一下，一个虚构者虚构出一个"你"，并和你相处在一起，那个虚构者对你的所作所为和所思所想了如指掌。虚构者还自信你知道他所要表达的意思以及他的感受，即使他什么也没说。试想一下，如果你不按照他的想法去做，虚构者会多么气愤和恼怒。与他发生冲突是一件既糟糕又莫名其妙的事情。

这就像场梦一样，也许是噩梦。无论从什么方面讲，被虚构出来的人就是一个"梦中情人"。

一旦虚构者把某个虚构的形象移植到某人的身上，他就会认为说"你已经知道了我的意思"或者说"你已经明白了我的感受"这样的话是很合理的。这时他们就把你错当成他的"梦中情人"，而梦中情人是知道他的意思、了解他的感受的。

◎ 抵制控制者的攻击首先要破除幻觉

通常情况下，当有人悄悄地用这种方式盯上你的时候，实际上在不知不觉中表露了自己的企图。大多数情况下，当他给你下定义的时候，他就已经开始使用逆向方式与你交往了。

举例说明，当一个人说："你不知道自己在说什么。"这就好像是在说："我仔细考察了你的想法之后，我可以告诉你，你的意见是错误的。"——梦中情人从来都不会有那样的想法。

大多数人在遭到这些侵犯时，都会感到疑惑、难过或者是恼火。在任何一种情况下，抵制入侵就要破除幻觉。但是，如果幻觉没有被彻底摧毁，虚构者就会感到恼羞成怒，他们会觉得自己受到了威胁和攻击。只有当幻觉真正被打破时，虚构者才会如梦初醒。

| 第十五章 | 控制者和被控制者 |

> 他说，他并不想控制她，只是想使"梦中情人"
> 变为现实。

我把那些试图建立和维持控制关系的人叫作"着了魔的人"，他们就是我说的压制性控制者。

◎ 如何识别压制性控制者

在很多夫妻关系中，都存在着虚构和控制。虚构者构造一个虚构的人或梦中情人，并在现实中为它选择一个真实的依附体。当他们感到安全时，就会把梦中的人强加到真实的人头上。也就是说，他们用那个虚构的人代替了现实的人。虚构者便进一步变成了控制者。他们会使用各种手段来维持那个虚构的人，这些手段包括攻击、无视真实人表达的想法、意见。

偶尔也会有例外。这个例外是指控制者不会攻击别人，也不会无视其他人的想法与主意，他会采取完全相反的行为。控制者让被控制者觉得，所有的主意和意见都是他自己提的。

例如，一个人说了控制者希望他说的话，做了控制者希望他做的事，控制者会假装曾经说过或做过同样的事情，会赞扬对方的业绩和才能。在另外一个例子里，老板经常会就某个非常重要的话题向员工征求意见，这个话题将在之后的会议进行讨论。不久之后，老板在会上发表他的想法，似乎这些想法就是他自己的。不管控制者是攻击别人的观点还是声称别人的观点是自己的，他们都不会考虑这些观点的来源是什么。

控制者不会强调"别人"，因为这样做就意味着放弃梦中情人。一旦放弃了梦中情人，那他们该何去何从呢？这样的行为需要勇气。

有些人因为某种教育会容忍别人的控制，为的是保持他们之间的和谐关系。如果你有过这样的教育经历，就应该明白梦中情人只是一种幻想。即使是最顺从的人也不可能完全扮演好梦中情人的角色。

另一种情况是，有些控制者只盯住某人，对大多数人却显得很尊重。这样，他们就会被描述成和蔼而有思想的人，那些还没有被控制的人甚至会把他们描述成非常有魅力的人。事实上他们也是这么看待自己的。有的人甚至觉得自己很了不起，因为他们是依据别人对自己的赞誉，从外到内建立自我认识的。

一般人很少受幻觉的影响，因为我们只有在少数情况下才失控——比如说受到了重大的打击，心灵遭受了某种创伤的时候。然而，控制者则一直处于失控的状态。

◎ 压制性控制关系，会破坏良好的同事关系

我把控制者虚构的人称为被控制者。当被控制者抵制控制者时，他们就变成了幻觉破坏者。

通常情况下，当被控制者受到奇怪和糟糕的待遇时，他们并不知道自己已经成了被控制者。他们认为控制者是在压制别人，觉得控制者是无法接受、不可理喻、古怪的，甚至是危险的。当然，控制者的行为可能包括上面提到的所有情况，但即使被控制者知道自己面对的是控制者，通常也不会意识到对方正试图与自己建立某种虚幻的联系。一般来说，控制者自身也并不清楚。

在办公室，控制关系会破坏健康和良好的同事关系。

有位销售人员告诉我，她的老板经常重复同样的话："你总是不尽力。"但是她确实尽了力，实际上她已经做得很好了。

她不可能知道，老板在询问她之前，已经在脑海中虚构了她的形象。他实际上只是试图把想象中的人强加到她的头上（这虚幻的人也许是一个10亿美元身价的销售员）。她投入了双倍的时间，充分表现出自己在尽最大的努力去工作。但不久之后，她再也忍受不了这种行为，于是她辞职了。她的老板失去了一个优秀的雇员。

◎ 家庭中的控制关系破坏性更大

一旦控制者创造了一个虚构的伴侣、小孩等等，对真实的人的想法就会不闻不问。他们只是用各种方法在心中虚构家人。无论什么时候，只要控制者觉得想象中的人（他们的泰迪）没有到位，就会产生控制行为。

一旦某人创造出了一个虚构的人，这个虚构的人就在虚构者的头脑中扎了根，成了虚构者的一部分。比如，在泰迪幻觉中，虚构者感到自己和虚构的泰迪之间关系非常密切。家庭关系中，一旦虚构者盯上了某人，也就是说，他或她开始误认为那个人就是梦中情人的时候，他或她就开始成为控制者，并且还觉得彼此之间关系更加亲密了。

把某人误认为是想象中的人，这可以解释一个奇怪的矛盾现象：在夫妻关系或者父子关系中，有的人坚信自己真的很爱对方，但是他们的做法却给对方造成了极大的伤害，因为他们采取各种残忍的方法，来迫使对方成为他们心中想象的人。

一般来说，当有人被别人下定义或遭到恶意对待时，通常会出现：

- 一个虚构的人——泰迪幻觉。
- 一个虚构者——那个虚构别人的人。
- 一个真实的人——被控制者。
- 一个控制者——那个给被控制者下定义的人。
- 一个幻觉破坏者——那个希望能够受到别人重视的人。

在买冰淇淋的故事中，虚构的人就是那个最喜欢吃巧克力冰淇淋的人，虚构者则是贝蒂。贝蒂通过虚构苏茜而成为控制者。被控制者就是苏茜。当苏茜尽力希望被妈妈重视，并且拒绝妈妈对她的虚构时，她就成为幻觉破坏者。

一位母亲试图虚构出一个想象中的乖孩子，她会因为孩子的行为不符合虚构的形象而重新要求自己的小孩。

有些父亲经常给儿子下这样的定义："你没希望了。"因为孩子没有按照他们希望的方式行事，没有成为他们想象中的男孩。而有些母亲则经常给她们的女儿下这样的定义："你只会找麻烦。"同样也是因为女儿没有按照她们希望的方式行事，成为她们想象中的女孩。不过，即使他们的孩子按照他们期望的方式行事，他们也会在以后的日子里继续重复这样的话。

◎ 控制者努力让自己糊涂，被控制者则是真的糊涂

几乎在所有的情况下，控制者都没有意识到自己的控制行为和真实动机。说到无意识，我指的是他们在行动时没有清醒的认知。

就好像一个人坐在靠背椅上，除非自己特意去感受，否则，根本不会去关注背部的感觉。

同样，控制者对其行为亦毫无知觉，除非他们的注意力被引导到这方面。但这不仅仅是疏忽的问题——他们是在有意抵制自己的认知。

当我和所有那些已经建立控制关系的人谈话时，无论这些控制关系的对象是他们的配偶、小孩、同事、雇员还是老板，没有一个人会对自己说出这样的话："我要去控制……"

我们现在遇到了又一个更加奇怪的悖论。即使控制者正竭尽全力维持他们的控制关系，也未必意识到自己已经建立了控制关系。因为，他们已经被幻觉控制住了。

◎ 压制性控制关系一旦出现，夫妻关系就会瓦解

现在让我们一起来看一些被幻觉所控制的故事。

被控制者说："我不喜欢做饭。"控制者说："哦！怎么可能。每个人都喜欢吃你做的饭。"（虚构的人喜欢做饭）

被控制者说："我真的好想去旅行。"控制者会说："你不喜欢和我在一起了。"（虚构的人是不会喜欢离开的）

被控制者说："我再也不想和你约会了，因为我发现我们两人的价值观有分歧。"控制者说："你怕我们太亲密了吧。"（泰迪不会有不同的价值观）

在以上的例子中，没有一个控制者能够认真听对方说话，并及时做出反应。相反，控制者在继续虚构被控制者，没有认识到被控制者的个性，被控制者似乎根本就没有自我。

在夫妻关系中，夫妻两个手拉着手就像人生旅途中的伙伴。但是，一旦控制关系出现，这样的伙伴关系就会瓦解。控制者竹篮打水，最后只能两手空空。

有个男人告诉我，他一看到妻子就气不打一处来，但是却不知道这是为什么。如果用我们的模型来分析他们之间的关系就会发现，随着时间的推移，他要维护虚幻的人越来越困难。他的妻子可能更多地表现出了自己的个性，因此越来越不像"泰迪"。

如果把他的压制性行为考虑进去，我们就会发现，为了维护这种控制关系，他会认为自己日益受到挑战，因此他的行为也变得越来越具有强制性。控制者会认为，尽力施加控制就能最大限度地维持关系，并使双方变得更加亲密！

所以，控制者千方百计地维护控制关系，而被控制者则竭尽全力地

摆脱这种极端的压迫。当被控制者寻求重视的斗争持续多年后，他们就
会感到筋疲力尽，没什么逃脱的力量了。

这时，控制者会因为关系的终结而感到震惊。他们既不明白自己的
虚伪，也没有意识到正是自己的无知，使他们做出了一些怪异的行为。
他们反而觉得自己的想法非常好，这使得他们意识不到自己行为的危害
性，也不会在意别人的反应和反抗。有的控制者还做出非常恐怖的事，
甚至会威胁到被控制者的生命。

测测夫妻之间的控制状况

下面的测试会从三种情景测查夫妻之间的控制状况。请根据你的实际情况诚实回答，并参照书后的解释，加深对自己的了解，以便家庭和睦，远离暴力。

有一对夫妻都是电视迷，妻子钟情于"都市情感剧"，丈夫则迷恋足球比赛。有一次，妻子正沉浸在剧情中，而世界杯足球赛即将开赛。接下来会有争屏大战吗？如果你是那位丈夫，你会：

A 奋力拼抢遥控器，锁定世界杯频道。

B 说服这位"财务总管"，再买一台电视机。

C 试图争夺，但妻子坚决不肯的话，也只好罢休。

D 放弃观看世界杯，到一边看报纸或干别的事情。

E 陪妻子看电视剧，"老婆高兴我快乐"。

有一对夫妇因2岁孩子的早期教育问题发生了争执，妻子打算对孩子的智力进行早期开发，丈夫认为应当顺其自然。如果你是其中的一方，你会：

A　极力批评对方的观点，让对方听从自己。

B　和对方讨论，极力维护自己的观点。

C　阐述自己的观点，也肯定对方的可取之处。

D　和对方讨论，最后听从了对方的观点。

E　听从对方，放弃自己的观点。

如果你的配偶与一位异性过从甚密，且你还听到一点闲言碎语，你会：

A　"审讯"一番，一定弄个水落石出。

B　正面质问，但克制自己的愤怒之情。

C　探问一番，表现出自己的疑虑。

D　委婉询问，态度平和。

E　不去管，无所谓。

以上选项A、B、C、D、E所代表的分值分别为：4、3、2、1、0。请算出你的得分。书的最后一章中，专家会给你一些建议。

第二部分

控制者生活得
并不快乐

在本部分，
我们会搞清楚，
为什么那些控制者本人也会生活在焦虑与恐惧中。
绝大多数人都认为，
控制者做出那样的行为是无所畏惧的。
他们究竟害怕什么呢?

第十六章	**不能自拔也无能为力**

　　幻觉存在的主要目的：为控制关系披上一件理性的外衣。

　　控制关系就像是一个寄生性的附属物。

　　正如前文所述，控制者虚构人，并将这种虚构植根于被控制者内心深处，此时他们会有一种安全感和亲切感，并且与之建立某种联系。另一方面，被控制者遭受着十分痛苦的折磨：控制者对他们视而不见，充耳不闻，在控制者的眼里，被控制者好像根本就不存在。

◎ 实际上，控制者的内心与其外在表现大相径庭

　　这样就让我们看到了另一个奇怪的悖论。在被控制者的眼里，控制者看上去非常有力量——傲慢、专横无比，让被控制者感到惊恐万分。实际上，与被控制者的感觉刚好相反，控制者本人经常感觉自己无能为力。

当我和控制者交谈的时候，偶然发现了这个悖论。控制者说，他们的配偶要求别再对他（她）下定义时，他们感觉到是自己受到了攻击。

比如，当控制者听到这样一个请求："请不要这样对我说话。"控制者常常会这么回答："你不能这么攻击我。"或者说出令人难以置信的话："你正在试图控制我。"要不就是这样："搞不懂你为什么要和我争吵。"

所以，当有人处于控制模式中，也就是说，当他们正在试图控制别人时，常常感到不能自拔和无能为力。

为什么会这样呢？因为他们的生活中时刻存在着危险。如果被控制者以一种无法预期的、不按套路的、完全是自发的方式去行动，那么被控制者就是幻觉的破坏者。在任何时刻，被控制者的言行都会对控制者产生威胁——打破逆向联系。这样，控制者就变得没有控制目标，和被控制者脱离联系，被孤立起来了。

这也解释了另一个奇怪的悖论。控制者经常把被控制者看作是全能的，能做一些最可怕并且致命的事情：分裂。当假想的人（泰迪）消失后被一个真正的人取代时，就好像控制者侵入被控制者精神边界的触角被损坏或切断了。发生这种情况时，控制者当然会感觉受到了攻击。

就这一点来看，就像是控制者发现自己处在一个不稳定的位置上，这个位置使他们暴露无遗。他们完全得依靠自己的能力来"构建"与他人之间的联系。只有这样，他们才会感到有了某种联系。

"玉米的故事"中描述的那个男人就是一个例子。当他的妻子不确定她应该找回多少零钱时，他被激怒了。他的怒气是朝着他的妻子而来的，因为，她的行为是自发的、出乎意料的，自然不同于泰迪。泰迪一定会知道零钱是多少的。

在行为上反对我们的人，在行动时却感到不能自拔和无能为力。他们认为自己不应该对这些行为负责，因为他们只是为了避免被分离而做抗争罢了。这种被分离的感觉当然包括他们与自我分离的感觉。当他们否认做错了事的时候，是在坚决地拒绝与另一方的分离。

有个男人说他因殴打妻子，一直待在监狱里头。以他自己的话来说，他一直在考虑怎样和他的妻子和平相处。但从他的谈话中，我们发现他似乎一直都在为他妻子，而不是他自己提供时间去反省自己的行为方式。这就颠倒了是非，是一种最典型的有虐待倾向的思考方式。施虐者与其配偶的联系都是逆向的，他们已经建立了一种控制关系。

既然控制者没有感觉到分离，那他们当然认为，他们所反对的人要对其行为负责，"是你使得我这样做的"，或者"我这样做是因为你……"。通过否定他们的分离，从而将他们的行为归罪于他人。最为重要的是，他们为自己的状况找到了托词：不能自拔，无能为力。

◎ 只有破除幻觉，控制者才有可能为他人着想

尽管沉溺于压制性行为中的人可能会道歉，因为想避免他们的行为造成的有害后果，但我却很少看到他们会被其他人的痛苦所震动。在一些亲密的关系中，有些人可能会为了自己而不断哭泣，但他们很少会为了他人而这样做。只有当幻觉被破除了，这种情况才可能发生。

有个曾经沉溺于压制性行为的男人，最终理解和终结了这些行为。他受益于通过以下努力所获得的成果：努力去理解自己的感受。我鼓励他去想象，他的妻子曾经就某件事情提出的与他观点不同的好主意。他相当能说会道地对我说了以下这一大段话：

当我按照你教我的那样去做时，首先是感到害怕和不安，感到我的妻子正在离我而去。因为她开始有自己的主意，那是她的而不是我的，这就意味着这个观念不会源自我。

就好像我的妻子和我待在一个大的肥皂泡里面，当然这个肥皂泡必须足够坚韧。这个肥皂泡就是我的现实。只要我的妻子待在肥皂泡里面，她就有"自由"。在那里有足够的空间去活动，因此自由的幻想对她来说看上去好像是真实的。但是，她向我表达了一个想法，这个想法可能是她想步出我的肥皂泡，并进入她自己的肥皂泡。可我不想让她走出我的肥皂泡。我害怕那样会形影相吊，害怕应对那种境况下的情感。

我尽力把她拖回我的肥皂泡，糟糕一点的话，我可能会伤害她，但这样她就不会离我而去；可能还会更坏一点，我会让她迷失方向，这样她就永远找不到出路了。

事实上，在我的肥皂泡外面，她不受我的控制，对她来说更加安全。如果她走出我的肥皂泡，反而是我感觉到不安全，因此我会很恐惧，于是我就尽力让她待在我的肥皂泡里面。

当她说"打住"，我立刻意识到在肥皂泡里面我是孤单的，然后我就尽力地把她拉回来。但我知道我将不得不松手并面对痛苦。

痛苦一直存在于肥皂泡里面，但是，只要我专注于让我的妻子一直生活在我的肥皂泡里，我就不会感觉到痛苦，也不会面对它。

但是现在，我想唯一可以让我找回自我的方法，就是让她离开我的肥皂泡，这样我可以独立并勇敢面对痛苦，之后我会不断成长。

请注意他的话，"这个'肥皂泡'就是我的现实"。这说明"肥皂泡"是一个精神上的虚构物。这就暗示，如果他的妻子生活在肥皂泡里面，那么他的妻子在他心目中就被当作一个假想的人（泰迪）来对待了。

对他来说，他的妻子和这个假想的人是"一体的"，是"同一个人"。这就意味着只有当他的妻子表现出已经和他分离并生活在她自己的肥皂泡里，他才会采取行动让她返回到他的肥皂泡里去，从而阻止她露出分离的迹象。这就是他成为一个控制者的时候。

◎"杀人，而后自杀"这类恶性事件发生的原因

当继续我们的探索时，还会面临另一个奇怪的悖论。通常说来，控制者自认为自己是强有力的、独立的，不需要任何人。通常其他人也都用这种眼光来看待他们，但是他们不得不和他们无能为力的情绪作斗争。他们非常依赖于"其他人"，因为他们需要征服无名的恐惧感。这种强烈的恐惧感导致他们把控制其他人当作首要的事情，认为这样才能避免中断和别人建立联系。

控制者对被控制者离开的反应，一般是企图尽可能快地和另一个候选人建立一种新的控制关系。还有一种反应是控制者拒绝被控制者的离开，他们不断试图接近被控制者，使已经离开他们的人感觉和他们仍然无法脱离联系。

对于偏激的控制者来说，失去联系是非常恐怖和无法接受的，他会因此在某些情况下杀掉被控制者，以阻止被控制者和他失去联系，离他而去。最后经常有自取灭亡的感觉，有些人因无法承受，采取了自杀行为。这就是一个非常普遍的"杀人，而后自杀"的情节逻辑。

◎ 控制者往往根据自己的主观臆想来支配被控制者

在控制者的心目中，有一个似乎是活着的假想人（泰迪），控制者

在勾画这个假想人的生活时，有一种平稳感和安全感——不过所有这些都是依据他们自己的主观意愿而已。他们命令别人，假如他们的指示没有被遵从，就觉得有理由为此发怒；如果被控制者表现出逃离的迹象时，他们觉得有理由为此感到受到了冒犯，甚至因此被激怒。

他们"自然而然地"为其配偶规定好活动范围，并且"确信"其配偶知道他们的感觉和想法。与配偶失去联系会使他们处于失控的状态中。联系使他们感到自我的存在。这种联系的力量同控制者与自我联系的力量一样强大。

控制者不知道假想人的事，也不清楚控制关系的存在，也不明白这种控制关系是对真正的人际关系的一种替代，他们甚至没有意识到恐惧的根源。藏匿于他们内心对分离的恐惧，通过一种奇怪的、难以理解的方式被控制关系本身掩盖了起来。

◎ 夫妻之间的亲昵行为可以切断控制关系

亲昵行为是夫妻双方关系的一个重要方面。经常出现的是，一方需要这种亲昵行为，而另一方却有意避开它。现在我们用一种新的视角，来看有亲密关系的双方却没有亲昵行为这一问题。控制者害怕这种亲昵行为，因为亲昵行为要求倾听并理解对方，了解他或她到底是谁。亲昵行为切断了控制关系。

一些控制者已经在尝试亲昵行为，开始鼓起勇气，去面对分离的恐惧了。

有一个人花了很长时间思考自己的行为，他意识到自己创造了一个梦中情人，而后又把梦中情人在他妻子身上固定了下来。他描述了当自己放弃假想人时是怎样做的，以及感觉是怎样的。

"就像一个吹满气的气球，她的脑子充满了我的思想。事实上，我从不听她的意见，也不去理解她，就当她不存在似的。我总是告诉她事情是怎样的。"

让我感到非常惊讶的是他把自己看得如此清楚。事先我已经告诉了他有关泰迪幻觉的故事，并且已经问了他，在他的脑海里，有关她（他的泰迪）的画像是不是会帮助他或者阻碍他真正去听取她的心声呢？

他立即说道，用这种方法，他已经了解过去所发生的事情。接下去说的让我明显感觉到他确实理解了。

"你知道什么是真正的恐慌吗？今天，当我回家之后，我将第一次真正地看到她，而我到现在为止还不了解她是谁！"

在我们交谈的过程中，他认识到，他曾认为忽视他的妻子是一件必要的事，因为他妻子真实的自我，威胁到他关于自己妻子——实际上是梦中情人的想法：他认为她是怎样的她就只能是那样的。

与许多控制者相同，他原以为他们很亲密，他的妻子是快乐的。而实际情况是，他花了很多年的时间去接近，并且被迷住的，却只是一个梦中的情人。

与此同时，他的妻子却感到越来越被疏远和孤立了，因为他对妻子充耳不闻、视而不见。一个真实世界中的人，不可能与一个假想人同时生活在虚构者的脑海中。

◎ 在家庭关系中，控制者把控制当作爱的体现

控制者通常不会认为自己有控制欲或自己在压制别人。在家庭关系

中，他们还会认为自己热爱和自己生活在一起的亲人。

以下是一个典型的案例：

有个客户说："当妻子递给我离婚协议书时，我觉得好像被一个大锤子从背后狠狠地锤了一下。这是如此出乎意料，简直就是晴天霹雳。"

往下交谈时，他告诉我："她确实对我说过，有些事情困扰着她，并且对我的论断提出了抗议。她希望我不再说、做某些事情，要求我就此打住。她说她不想再这样生活下去了。"

"那你为什么还会感到惊讶呢？"我问道。

"我根本不想知道她在说什么。"他说。

在家庭关系中，假想人对控制者来说，显得很真实，是他们的一部分，并与他们紧密联系，控制者真的把这种奇怪的亲密当作了爱。但是，控制关系只会阻止控制者意识到，他们正在错过真正的亲密关系。

◎ 控制者小心翼翼地守护着对控制关系的依赖

另一个重要原因是控制者没有认识到他们对控制关系的依赖性。因为他们已经把自己和外部世界联系在一起，并且已经内化了这种联系。他们就这样生活着，好像他们个人的现实就是他们外在的自己。因此只有联系他们外在的自我，内在的自我似乎才是正常的。

有一点很清楚，如果有人感觉到他们在这个星球上失去了"存在方式"，也就是说，他们失去了使这个世界和自己变得真实的依靠，那么他们将对任何威胁到现存联系的事物都小心戒备。已被确认的控制者，其明显特征就是害怕分离，对分离的迹象非常敏感并会立即做出反应。

第十七章 | 控制者最害怕被控制者有独立的倾向

> 对于控制者来说，他们最不希望伴侣具有认识自我的力量和勇气，因为这种个人意识就是分离的迹象。

在家庭关系中，被控制者自身的个性会干扰控制关系。任何一种个性的表现——例如不同的观点——都是一种独立的倾向，因此具有打破幻觉的可能。

在健康的关系中，如果有两个人，其中一个认为，成熟的葡萄要比成熟的杏子甜一些，而另外一个却认为，成熟的杏子要比成熟的葡萄甜一些，两个人会觉得这事十分有趣，甚至可能因为这件事使彼此更加了解对方，使他们更加亲近。

控制者的感觉刚好相反——他们会觉到受到威胁、攻击和反对——因为和自己想法一致的"泰迪"不见了。另一个人取代了泰迪的位置，而这个人又没有泰迪的特征。于是，控制者会立即对这种取代做出反应，因为这就像他自己被取代了一样。

◎ 对独立的恐惧能够解释许多暴力行为

控制者对具体的分离倾向通常会感到十分吃惊。这些倾向对控制者来说是不可预期的，因为他们受幻觉的影响很深。控制者不能意识到，在这个世上还有真正的人存在。或者与此相反，控制者认为假想的人就是真正的人。

不同的观点仅仅是众多分离倾向中的一种罢了。其他分离的倾向可以准确表达为：

- 新主意
- 思想
- 问题
- 个性
- 信仰
- 异议

- 要求
- 建议
- 自发的表达
- 洞察力
- 疑虑
- 意见

当然，还有其他许多分离的倾向，包括肢体语言、独立的行动等等，不一而足。

1996年的一份有关846名美国妇女福利状况的研究显示。有40%的人都面临来自配偶的压力，他们竭力阻止她们参加工作。

这些妇女放弃政府的救济，在政府的帮助下，接受职业培训，得到指导老师、儿童保护基金、重新就业计划的帮助，并获得许多社区组织和机构的热心支持，她们试图养活自己。但她们发现自己的配偶却对此采取压制态度，他们不支持反而鄙视和辱骂她们。为什么会这样呢？因为她们接受政府帮助并得到工作，这本身就是一次独立的行为——这是一个明显的分离倾向。

有的人会屈服于配偶的控制性策略，被迫放弃来自政府或社会的帮助，或者选择逃避而遭受巨大的损失：失去她们可爱的孩子、温暖的家庭、富有人情味的邻居，最糟糕的是失去她们美好的生活。她们不明白这是为什么，不管她们怎样付出，她们的配偶都会对她们充满怒气。那些极端主义者有时看起来就像"疯子"一样。

◎ 控制者会千方百计地压制独立的倾向

当有人像"玉米的故事"中那位丈夫，试图将假想人强加于被控制者时，自然就否定了真实人的存在。

控制者对独立倾向有多种反应，从口头上的辱骂到身体上的暴力，从而导致被控制者情感和精神的痛苦。

如果被控制者从另一个角度看问题，或者所表达的想法、愿望与控制者假想人的不一致，那么控制者就不会答应。换句话说，如果被控制者的某个想法或愿望没有反映出控制者的想法，那么控制者的反应可能是先拒绝说话（就好像被控制者根本不存在），然后愤怒地攻击，甚至以暴力解决问题。所有这一切行为都是为了压制独立。

这不是被控制者的行为内容引起的反应，而是被控制者行为本身引起了这样的反应。（说和做本身就不被允许，不管说和做的是什么。）

控制者压制分离倾向最普遍的手段之一，就是去规定好被控制者全部真实的自我，他们通常用言语或行动来减弱和消灭这种独立的倾向。

当贝蒂发现不能用"最爱吃巧克力冰淇淋的女儿"来取代真正的女儿时，她把女儿真实的自我定义为一个"古怪的人"。

对于伪装者来说，真实的自我就是一个"奇怪"的人。

许多被控制者认为控制者是理性的，于是当他们阐述自我的时候，认为自己是能够被控制者理解的，这一点我们无须感到惊讶。但是，被控制者不知道，当他们尽力解释或谈论他们自身的时候，其对象是一个早已把他们自身定义好了的人，他们这样做，只会增加那些自认为一切应在自己掌控中的控制者的反感情绪。如果被控制者的自我表达对控制者来说都具有威胁倾向，那么被控制者对控制行为表达不满，又将对控制者产生多大的震动呢？

被控制者总是不断地向控制者展示自己思想的深度和认识的高度，并小心翼翼地向控制者表述他们内心的真实世界。而实际上，通过这种方式，他们正在不断地激怒控制者，不断突破控制关系。

◎ 真实，对压制性控制者来说是一个威胁

我曾听到过无数身处控制关系中的人向我说道，即使他们尽力保持耐心，小心地为事情的真相作辩解，或者试图与他们的配偶分享心灵最深处的情感，或者想向他们的配偶阐述对现实的理解，他们的配偶也不能理解；与此相反，他们的配偶总是因此而轻视他们，或者嫌他们所说的事情太琐碎，或者变得非常愤怒。无论他们沟通的技巧多么完美，沟通时是多么敏感，多么真诚，他们就是不能为控制者所接受。

当你和某人分享你心灵最深处的情感时，你是最真实的。有什么比被控制者的痛苦更可信呢？有什么能比这种真实性更能驱赶走控制者的

假想人呢？有人可能会认为这样的真实性将打破幻想，但实际上却很少能够成功，因为控制者把这种真实性当作一个巨大的威胁。控制者会抵制它，并使它最小化，这样大多数独立的倾向就被消解了。事实上，被控制者真实的、发自内心的表述，很少能够被控制者当作真的来接受。

有很多人因为说出了惊人的事实而遭到其配偶的辱骂，有时候还遭到暴打，这令我十分吃惊。我开始注意到，真实性对控制者来说是一个威胁。

真实性的"威胁"，经常会出现在夫妻关系上。当咨询师邀请夫妻双方相互倾诉他们的痛苦时，被控制者会说类似这样的话"当我听到……感觉坏透了"。这时真实性的出现使控制者感觉受到了威胁，控制者可能会直接说："你在诽谤我。"或者，当时他不做任何反应，一直到咨询结束，等到周围没人时，他会说出类似这样的话："你在背后搞小动作！""恶人先告状。"

许多人告诉我曾经这样被指责过，他们想知道这是什么原因。被控制者在咨询师面前，对咨询师的分析和建议做出反应，是不能算暗中的。但控制者在私下的谴责，实际上更像是"暗中攻击"。

◎ 控制者非常精于以被控制者的特质为目标，不断采用各种手段去削弱它们

对许多控制者来说，生活就是一场竞赛，在这场竞赛中他们是不能被打败的。如果他们看到失败正在迫近，比如在一场论战中自己的观点被证明是错误的，或是在一场拳击比赛中自己处于"劣势"，这时他们假想的世界就要土崩瓦解。一旦出现这种情况，他们会以暴力的方式来处理这个突然的断裂。"我失控了"，他们说，他们用这句话

来解释其口头的不满或身体上的暴力行为——这么做的目的在于压制分离的倾向。

"我失控了"这句话，清晰地描述了对于突然分离的反应。控制者用这样的话，支持他们不顾一切地重建假想世界，使得他们的假想世界再次成为他们的全部。现在我们知道"我失控了"是什么意思了，它的意思就是"我突然分裂了。"

即使控制者可以通过压制分离的倾向来减轻恐惧感，他们的恐惧也总会再出现的。压制真实的个人并不能结束控制者对分离的恐惧，这种恐惧深藏于他们内心，不会在其外表表现出来。

因为分离的企图随时都可能出现，控制者得经常保持警惕，这使他们紧张，有时还会感到很沮丧。当然，被控制者也会感到紧张，变得敏感，甚至沮丧。如果有人在一种特定环境下单独与控制者发生联系，例如，在家庭里或者在工作场所中，他们将备感折磨，因为他们的存在威胁着控制者，所以随时可能会遭受攻击。

当幻觉破除者遭到攻击的时候，问他们因为什么被激怒而反抗，他们通常感到迷惑和不解。如果你曾经被这样问过——我衷心希望你不会，我建议你说，"我表现出了我要独立的倾向"。

在和无数的幻觉破除者交流之后，我看到了他们最宝贵的品质——雄辩的口才、极具想象力的天赋、富有智慧的才干、渊博的学识——而这些正是控制者最为蔑视的。许多被控制者要么是没有真正认识到，要么已经忽略了自己的这些品质。有些人甚至把这些品质理解为他们的最大缺点。

同我交谈过的一位极具天分的艺术家，认为他不可能画出任何有价值的作品，因为他的所有作品一直遭到妻子的蔑视。一个才华出众的演说家也遭遇到类似的经历，她相信丈夫对自己的断言，说她"现在已经不能把雄辩两个字凑在一起了"。

控制者怎会有如此能耐抹杀被控制者的美好品质呢？我发现答案是显而易见的：控制者非常精于以被控制者的宝贵品质为目标，不断采用各种手段去削弱它们。因为这些品质，就像被控制者内在情感一样，通常是被控制者内在真实的体现。莫扎特的音乐天才是非常真实的，是"莫扎特式的"，而这正显示了他的独立人格。

◎ 为确保自己的要求得以实现，控制者总以命令取代询问

对控制者的一个普遍看法是：通过命令来取代某些要求，因为这些命令保护他们自己免遭被拒绝的可能。一些文学作品也把这样的独断行为归因于控制者的恐惧心理。他们害怕用商量的口气向别人要东西，害怕面临谈判，因为这可能使他们达不到目的。

另一种解释则认为，询问暗示着控制者和另一方之间是平等的。尽管以上这些在逻辑上解释了这个问题，例如，在两个人的关系中一方将被假定为向另一方发布命令，但是这些因素并没有完全解释这种压制性行为。

询问意味着默许了另一方的独立意图。如果控制者做出商量的姿态，那么他们会面临着切断控制关系，用真实的人取代假想人、把另一方当作真正独立人的危险。而像泰迪那样的梦中情人只会奉命行事。

因为询问意味着认可另一方的自主性，对于控制者来说，这简直是一个自杀性的行为，有可能的话他们会尽最大的努力去避免这么做。而避开询问的方法就是命令，或者逐步向另一方灌输恐惧的心理，从而确保他们顺从。

这可以通过一些大声的、残暴的、发怒的行为来完成，或者让被控制者确信，真理就隐藏在专横行为的背后。控制者也可能尝试用一个更加隐蔽的方式来赢得顺从，退出就是一种手段，即用感情上遗弃对方的方式来威胁对方。

◎ 对询问不做反应或做出虚假反应，控制者实际是在维护控制关系

多年来，被控制者面对控制者的办法，可能是忽略自己的感觉和直觉，其目的是想避免控制者行为带来的痛苦。当他们认识到发生了什么并走出这个危险关系时，通常能够找回自我。

正像遇事商量这种行为对控制者来说极困难一样，对被控制者的询问做出反应也是很困难的。控制者不做回应是为了维持控制关系。潜在逻辑可能就是：如果我不做出回应的话，就能假装你根本不存在。我能保持假想人的存在并让它活得很好，这样就可以牢牢把握你我的关系。很明显，如果控制者对被控制者做出反应的话，就好像承认了被控制者是独立的，切断了控制者虚幻的联系，出现了分离的倾向。

一些控制者不是采取忽略询问的方式，而是带着令人沮丧的语气来回应。

有个男人说："咱们去吃中国菜吧。"

妻子回答："好呀。"但是接着问道："你想去饭馆吃，还是把它带到家里吃呢？"

这时，他可能感到相当尴尬，因此厉声说道："你为什么总把问题想得这么复杂？"

如果控制者听到了被控制者的意见，他们虚构的被控制者的形象一下被改变了，好像对方真的是一个独立的人，就会感觉自己正在自我毁灭。

使控制者本人感到糊涂，也使别人感到糊涂的是，有一些控制者采取的是非常隐蔽而自私的策略——"回应"，通过这个策略他们能够解决如何回应询问的问题，从而避免可怕的分裂。但这只是看起来似乎在"回应"。以下是对这种策略的分析：

控制者对某个要求说"好的"，实际上他并没有真正接受这个要求。例如，有这样一个问题："如果你很晚回来的话，打电话告诉我好吗？"控制者的回答是"好的"，实际上却不会这样做。控制者通过下面这些下意识的推理去保护他们的假想人：

如果我对你的要求说"好的"，那么我就能迅速地离开，不用去面对你真实的自我；而如果我对你的要求说"不行"，那么我将不得不面对你的真实自我，（泰迪到哪里去了？被取代了！）因此我会说"好的"。然而我不会去做我所答应的事，因为如果我按你的要求去做，那就好像你已经是真实的了！（泰迪到底去哪里了？死了。）我自己切断了联系！

我向一个觉得自己有控制欲的人解释了这一点。他说，现在他终于明白，为什么他总是本来答应妻子在下班回家路上替她做些事情，最终却总没有去做。他说他总打算记住，甚至把这些事情写下来贴在汽车的仪表板上，但是最后还是忘记。

◎ 控制者很少实现对被控制者所承诺的事情

了解了假想的人，就可以解释一些人在履行自己诺言中的矛盾行为。这些人自认为是乐于助人的，但是很少实现自己的诺言。这些人经常说:"好的,好的,没问题,我会做好它。"然后他就将事情扔在一边。事实上,你不能指望他们真的会做这些事情。这并不是因为他们"偶然"会忘记,而是因为他们始终没有把事情做好过。当被控制者重复他们的要求时,面对的经常是谴责和拒绝。控制者告诉他们,他们正在喋喋不休,或者就从未提出过要求。

任何时候,当被控制者表现得可信、独立和真实时,控制者就会感到这是对控制关系的威胁,因而他们会尽力消除这种威胁,从而制止所有分离的倾向。

控制者不仅害怕分离,而且害怕被"发现",也就是说,害怕其他人不把他们看作他们刻意塑造的那种形象。

第十八章

为了存在，"我"必须是对的

> 如果我是正确的，那么他们必须是错误的。为了
> 存在我必须是对的。我的"自我塑造"不会出错。

分离的倾向不仅威胁着控制关系，也会威胁控制者的身份。如果现实不能遵从于控制者的观点，就有可能形成对控制者的挑战。

◎ 控制者的心理需求——来自外界的认同和接受

如果控制者能够接纳更多的意见，就会带来全新的体验，这个新的体验，可能会瓦解甚至颠覆控制者基于其身份建立的根深蒂固的信任体系。可以说，是信念把他们融合到了一起——隔绝内心的体验，抛弃自我认知能力和自我承受能力——控制者日益需要确保，他们就是自己所相信的那种人。

他们需要来自外界的认同和接受，因为他们就是从外到内塑造自己的。他们之所以反对被控制者，不仅是为了维持控制关系，也是为了维

护他们的身份。

控制者经常用反驳的方式来反对其他人的观点。反驳是口头上的反对，用于否定其他人的观点、情感和信念："你是错误的。""那跟你感觉到的不一样。""那不是你所想的意思。"反驳会损害关系，即使许多控制者知道这一点，并且真的想停止这种压制性行为，却发觉这样做极其困难。为什么呢？因为不同的思想、信念和情感，就像不同的"外在"表现，正在威胁着他们。

◎ 宁愿放弃自我，也要维护外在形象的人

对于控制者来说，外部世界如果强大到可以让他们放弃自我以获得认同时，他们甚至会使用诡计去维护他们良好的外在形象。对他们来说，这几乎是一个"生与死"的问题，就像他们错误地把其他人当作假想人一样，也错误地把自己的外在形象当成他们自己。

对自己一贯正确的需要，同外在良好形象的需要是紧密相关的。下面这段自我反省的话，出自一个成功转变的控制者之口，我发现它本身就是在打破幻觉：

我从没做过任何可能被公众察觉的不当行为。在公共场合，我不会发火或去贬低某个人，因为那样会破坏我完美的形象。甚至当我不会获得任何好处时，也要让大家看到我是一个堂堂正正的好人。我深深地需要其他人尊重我。我最大的恐惧是面对个人，包括我的妻子在内，我发现我的所作所为是不恰当的。

对形象不佳和不被社会认可带来的恐惧，使一些控制者花费毕生的

精力，追求"名牌"服装、"豪华"汽车、"漂亮"配偶、"体面"的职业。为了"正确"地体现控制者的身份，以上的每个方面，都必须符合特定的标准。

另一种情况是，完全反对社会规范。在这两种情况中，控制者经常会走到极端。

荒唐的是，即使是依靠他人在维持一种虚幻的联系和易碎的身份，控制者却自称是依靠自己，是自立的。他们经常打着虚假的独立的旗帜，宣称不需要任何人。与此同时，不断加速对其他人独立个性的攻击。他们最大的威胁，来自那些没有遵循他们特定的行为、假设的被控制者。

在美国西部电影中，主角经常被描绘成这样的人：有一个团伙去维护他的地位，他表现得无所畏惧。事实上，他是依靠枪来维护自己高人一等的姿态，证明自己的正直。他被塑造成一个浪漫主义者，却无法拥有一个爱人。他经常表现得像个值得同情的人物，甚至有时候以受害者身份出现。当然，如果没有人强迫他的话，他是不会作恶的。

他需要维持他的"英雄"风格，他需要被他的同伙接受并和他们建立联系。这种需要非常强烈，所以对这样的主角来说，杀死一个离开团伙的人是很正常的事。

在这个案例中，离开就是失去联系，也就是说，违背了控制关系。而杀人也只是许多家庭杀人案的变种而已。

◎ 来自文化习俗的影响

压制性控制者，不仅被许多幻觉迷惑，还会受文化习俗的影响。文化习俗鼓励某些幻觉的行为并使其永存。文化习俗就像一个套话所说的，"你需要……去做，才能……"。例如，"要得到认可，你需要这么干""看上去像这样，你才算是漂亮的或英俊的""你需要成为……才是成功的""除非有人喜欢上你，否则你就什么也不是"。

这样的习俗影响着无数的人，特别是那些从外到内塑造自我的人。

接下来，让我们看一看下面的清单，它展示了男人是如何控制女人的。

文化习俗中男人控制女人的4个基本方法

下面的信件来往，向我们展示了由两个男人编撰的列表。这两个男人回顾了在他们成长过程中曾听说过的教导。因为知道了接受这些教育会导致关系破裂，使结果与其目的完全相反，他们最终抵挡住了这些教导的影响。为了揭开这些教导背后的东西，他们慷慨地与我及大家共享他们罗列的清单。我相信，当你了解它究竟是些什么以后，如果还有人以此来教导你，你也能够抵挡这种教导的影响，并且减少它的影响。

下面的一系列方法，可以让男人学会支配女人，这也是研究一个男孩如何被教导成一个男人的途径。

1. 使用身体或性暴力，或者以身体或性暴力作为要挟，使自己为所欲为。

2. 如果她们不闭嘴或者不按自己所想的去做，就通过发怒来暗示可能将有暴力来临。

3. 忽视她们对其他男性暴力行为的感受，增强她们对我们愤怒的恐惧感。

4. 当她们说害怕我们发怒的时候，告诉她们这只是胡思乱想罢了——"我们从没有真正地打过你，对吗？你究竟在担心什么？"——这样就很容易使她们忘记我们曾经施展过暴力，并且防止她们逃跑。

5. 当有朋友在场时，通过当众羞辱和嘲笑的方式来责备她们，然后坚持认为，"我只是在开玩笑。难道你不认为它只是一个玩笑吗？"

6. 当她们注意到我们否定她们感情时，用无情的逻辑去否定她们发怒受挫的情绪。（继续这样做下去，直至有一个满意的结果。）

7. 利用她们对外表的关注（想看起来更漂亮一点）来获得征服她们的力量。例如：

- 永远不要称赞她们。然后说她们对我来说意味着更多，而不仅仅只是她们的身体。
- 批评她们身体某些特别的部分，同时坚持说尽管有这些缺点，还是爱她们（宽宏大量直到最后）。
- 带着赤裸和色情的眼光盯着其他的女人看。
- 坚持认为这样的注视是无害的并且不意味着任何东西。"女人不也看男人的屁股吗？难道我们不是一样的？"
- 说这些的同时，秘密地勾引其他女人。

8. 利用身体和感情上的优势，利用女人的母性和应该照顾男人的心理：

- 坚持认为在家里做饭和打扫可以让她们快乐，并且让她们照顾我们（尽管有大量证据表明我们实际上是非常憎恨这样的劳动的）。
- 如果遭到抗议，否认在这些任务的分工上有什么不妥（毕竟，我也换了保险丝）。

9. 使用男人特权式的声音不断地打断她们的话，践踏她们的思想，坚持认为我真的明白这些事情，我确实听了。

10. 否认我说话过于霸道。问她们正在谈论着什么，"我对女人的问题很敏感，不是吗？你确实已经看到了，我们没有什么不同呀。"

11. 提供证据证明自己很敏感，通过认真倾听，搞清楚她们的需要，然后：

- 使用这一认识去诱导她们。
- 使用这一认识去增加我对她们意识的控制力。
- 使用这一认识去证明我不是一个男性压迫者（同时继续使用更加微妙的压迫形式）。

12. 当任何一个女人向我们提出这些问题中的任何一个，并胆敢对此质疑时，则辩称自己是一个敏感的人，直到她们放弃质询。如果这样做还不行，尝试以下方法：

- 从我们自己的经历中拿出一个受辱骂或压迫的例子，并使用男性特权式的声音来阐释这是人与人之间的事情，并不是性别问题。
- 找到同意这一点的其他女人。

13. 如果这些都不能发挥作用：

- 表现出极大（显得更加诚恳）的悲痛和极强的受伤感，并且坚持认为这个主题对我来说太痛苦了而不能再谈论，并显得我感觉受到了太多的非难。
- 要求或者哄骗女人关心我对这一问题的悲痛。
- 坚持要求她心平气和地和我讨论这些问题，坚持认为她不能过于指责我或者发怒，以免伤害我太深以至于我不能继续听下去。

14. 否认性别压迫的现实，或者说它只是一个文化习俗上的问题，或者说它已经成形了，因而不再是问题了。

15. 否认任何有关这样实践的存在。

16. 承认有更多显而易见的对策，但是不承认微小问题的存在。

17. 用以下这些方法贬低女人：

- 不要去听那些她们不得不说的话。
- 或者用一个心不在焉的、心烦意乱的方式去听，并且不问问题或者表现出任何兴趣。看上去好像很不耐烦和被占了很大便宜似的。

18. 挑出她话里的漏洞，或者暗示她本应该做得更好、知道得更多，等等。

19. 如果她向你抱怨，你没有花足够多的时间和她聊天，你就劝她不要太贪婪和太苛求。或者，利用某个机会让她听你的烦恼和压力，用这个来解释你为什么没有更多的时间和她呆在一起。暗示她没有学会从其他的角度来看你在怎样为她做事情——例如努力工作，为家里赚更多的钱。

20. 如果你比她赚更多的钱，就可以主张应该给你更多的权利去评论应该怎样花钱。

21. 如果她要求你应该承担更多的责任或者应该做更多的家务，你可以问她，她打算拿什么同你进行交换。在任何商议中，双方都应该保持一致，对不对？在劳动和责任的分配上否认全面的不平衡。

22. 如果她正面临着你的批评，你要否认你正在批评她（我只是在问一个简单的问题……），并做到以下两点：

- 暗示她过于敏感。
- 使她有一种罪恶感，因为她误解了你的意图，并伤害了你的感情。

我不是试图通过这个清单，来传递男人们在有意识地或者故意地去做这些，并希望得到这些行为产生的结果。尽管有些男人确实带着明显的目的和企图，使用这些策略来支配女人。我认为大多数进行这些实践的男人，都认为自己是温和、体贴、考虑周到并且充满善意的人。

以上的清单揭示了维持控制关系的4个基本方法。

- 他们公然表示愤怒，或做出类似的行为，使真实的人感到害怕，从而阻止分离的倾向。
- 操纵真实的人，让他就像假想的人一样行动。
- 为了给假想的人腾出更多的空间而使真实的人的空间变小。
- 把她变成假想的人而使真实的人变得糊涂。鼓励她放弃自己的思想，从而使她的思想与控制者的思想保持一致。

不用说，文化习俗是由那些自我分裂的人制定的，这些人已经从外到内地塑造了自己的身份。逆向接触和逆向联系的合理性是无可非议的，因为那就是他们的方式。不要惊讶，这样的习惯培育了一种控制性的生活方式。

我曾要求一个处于控制关系中的女人描述这些文化习俗对她的影响，她做了如下倾诉："精神备受折磨，极度痛苦，脑子非常混乱、困惑，头疼，比受任何正面的或者我所记得的暴力还要痛苦。"

与奉献了那份清单的两个男人不同的是，许多人没有全面理解控制性行为的影响。控制者自己当然也没有把他们的行为看作是残忍的或者是特别具有伤害性的行为，因而他们热衷于尽力维持他们的支配地位、他们的逆向个性和逆向联系。

奇怪吗，女人也会有维持控制关系的要求

所有的建议都好像在说明，男人比女人有更多的维持控制关系的要

求。其实女人也可以仿效清单上的行为。

有些女人，通过把自己伪装成一个"老套的、柔弱的、没头脑并且无助"的女人，来塑造她们虚幻的身份。这些女人根据文化习俗塑造自己，使自己成为一个柔弱的梦中情人。（一个芭比娃娃？一个全知全能的母亲？）对控制者来说，她们是容易征服的目标。通过使她们成为一个"梦想的情人"，他们尽力给她们想要的东西，并且用这种方式去控制她们的行为，也就是说赢得他们配偶的爱。进一步说，不管他们怎样尽力迎合这个梦中情人的角色也不会成功。没有人能够生存在一个幻想中。

一些女人在控制关系问题上保持错误的文化习俗，具体如下：

- 如果要使你的爱人高兴并表现得好，就不要表现得过分聪明，从而使他找到一个男人"应该"有的感觉，这样他就感到开心，愿意和你待在一起，因为如果没有他你就真的不能生活下去。
- 若你不能留住他，务必学会应对最后孤身一人的情形。这说明你不是足够好，或者不是足够无助，或者没有足够地遵循这个规则。
- 保持弱势，以维持你们之间的关系。

一些父母按照自己的梦想塑造孩子，规定好他们的一切，告诉他们该如何思考、感觉以及需要什么等等。对他们的孩子来说这是情感毒药，对任何被控制者都是一样。

在一个高雅的宴会上，我听到一位70岁的老人和他40岁的女儿之间的一段对话，得知女儿下周末要与一个新的求婚者一起去航海。

老人对女儿说："不要让他知道你是一个航海冠军，让他认为他更擅长航海。"

在大多数场合，女人错误的文化习俗滋养着一种习惯势力，同时，加固了男人错误的文化习俗。

作为这些习俗的后果，一些男人害怕或者不能展示其热情、温柔、灵活、开放的性格特点，他们害怕这样不符合一个"男人"的要求，害怕因此不被同一时代的男人所接受。他们担心如果打开知觉、直觉和感觉之门，将不得不接受所有对自己的奚落，甚至失去所谓体面的身份。

第十九章

控制者的恐惧

> 使自己免受恐惧采取的措施，比恐惧本身还要令
> 人恐惧。

控制者与自己的内心世界分离，失去了自我，从而表现得就好像根本没有内心世界。他们被剥夺了基本的信息资源，失去了解内心世界的途径，不是从内心，而是从外部世界去寻找"自我"。

他们害怕自己的体验，因为自己的体验来自感觉、知觉和直觉，而这些是被一些习俗教导为应该忽视的。

◎ 对控制者来说，情感体验是危险的

当"泰迪幻觉"能够保护控制者免遭情感分裂的痛苦时，他们经常会非常严格地控制自己，通过主观努力，或者通过选择一些其他的消遣方式，压制或者忽视自己的情感，使情感处于封闭的状态。有时他们也会情感爆发，而且非常强烈，以至于他们自己无法阻止，这时控制者会

认为一定是有其他人在作怪。

对他们来说，发怒、焦虑以及痛苦，与他们所感觉到的分离感及不切实际的期望，是毫无关系的。控制者对他们的行为不想负责任，通常倾向于说，"是你让我这么做的，全是你的错，不关我的事"。

有时候，压制者完全关闭了他们的情感之门，以至于不知道情为何物。他们害怕情感，在某些情况下，恐惧使他们酷似一个妄想狂。下面是一个非常糟糕的实例，在这个案例中，丈夫不是去调整他自己的恐惧情绪，而是尽一切可能使他妻子也处于恐惧之中。他是想让妻子也经历同样的恐惧，这样他就能从"外面"看到它，而忽略内心的真实感受。

一位温柔的女士用低沉而匆忙的口吻（听得出来她很紧张），向我讲述着她的故事。在一场悲惨的事故中，她失去了亲爱的丈夫。几年后，她再婚了。婚后不久，她发觉现任丈夫好像被妄想症控制着，对她极端压制，监视她的每一个电话，指挥她的每一个行动，并且控制她的钱，让她常常身无分文。

他非常害怕她在婚姻之外再找到一个自己感兴趣的事情，或者用其他手段逃脱目前这个婚姻，因此他尽一切可能来防止这类事情的发生，哪怕仅仅是一种可能，他也不放过。

从我们的分析来看，他好像是在害怕失去这个承载着梦中情人的躯体，这和他害怕失去自我一样。

当她对这种状态表示不满的时候，他不是威胁她的生命，而是告诉她：如果敢离开他的话，他就会伤害她的女儿，让她女儿变成"植物人"。每次她去看她女儿的时候他都这么说，提醒她不许离开。由于他很有钱（现在也是她的钱），在社区很有声望，她知道，如果她离开的话，他绝对能够兑现他的威胁。

她丈夫的妄想症，在她心中创造了一个新的恐惧，而她越恐惧，她丈夫就越有安全感。但她对自己和孩子的担忧与日俱增，因而她向往自由的愿望也日益强烈。在平静生活的下面，她一直在不断寻找逃离她丈夫的机会。

我们正在交谈时，听到了她丈夫的声音，于是她慌忙挂了电话。

我不知道这个正在遭受折磨的女人结果怎样，也不知道她是从哪个国家打来的电话，但我从她的声音里听出了恐惧，并被这个匿名女人所讲述的事深深震撼，因此我决定在这里把它写出来，让大家了解她丈夫妄想症的情况。事实上，他用这种恐怖行为给他的愤怒开释，并牢固地把握住控制关系。

◎ 直觉有时能挽救一个人的生命

对有些控制者来说，身体知觉的多疑性和情感的多疑性是一致的，部分原因是我们的情感经常是通过身体来表达的。当危险降临的时候，我们的心在颤抖，通过这种可感知的方式，我们体验着一些可怕的事情，这令我们的感情有一种无限下沉的感觉——似乎有一种绝望的情绪在涌动。

身体知觉不仅从内心向我们展示自我，而且也暗示了自我存在的一个脆弱的缺点，这个缺点证明了我们没有能力征服我们自身及其他人。但这样一个已被揭露的缺点并没有让控制者接受。如果你已经形成了一个控制性的生活方式，那么你必须证明自己"足够坚强"。但如果你正和一个压制性控制者生活在一起，你最好不要这样做。

一些控制者习惯以自己的观点来看事物，其他人则不愿揭露他们这一点，即便只是一些细节。对精致和奥妙的愉悦会被忽视：花的芳香、艺术品的精美和古典音乐的精妙，他们无法欣赏，因为这样的意识来自内心，属于可怕的"内在体验"的领域。

另一些控制者疏离知觉，甚至对巨大的身体痛苦毫无反应。他们害怕知觉体验，试图忽略对痛苦的知觉，直到自己完全崩溃，他们冒着牺牲身体健康的危险去"努力争取"，练习关闭他们的知觉功能。

还有一些控制者，害怕、蔑视强大的内在体验：直觉体验。因为直觉瞬间即至，它们由里向外，真正表明了"内在"的存在，而这正是控制者极力避开的"地方"。

女人也会受到这种文化的影响。即便是健康的女人，她们能够与自我连接，并且没有受到控制者的侵犯，如果直觉在她们的文化环境里没有被高度重视的话，她们也会怀疑其直觉的正确性。下面讲的案例就是一位女士被所谓的权威人士唆使，忽略其直觉认知的情形。

莉向我寻求帮助。她告诉我，临床医生对她说："你想干吗，相信你的直觉还是相信我？为了我的诊断，你已经付了不少钱，我是你的临床医生，你应该接受我的建议。"

莉的临床医生来看了她两次，但是即便是20次，这样的断言也不会有治疗意义，反而是相当危险的。

在这个案例中，莉的配偶，维克，使临床医生确信他真的很爱莉。莉的临床医生不知道泰迪的故事，她不知道维克真正爱的是谁，维克也不知道。维克试图把莉变成泰迪的企图，最后演变成了一场家庭暴力。

莉想为自己找到真爱，但没有人向维克解释清楚他自身的问题，所以维克也不知道该怎么去做。他处于不能自拔而又无能为力的状态。他感到自己不断地遭到攻击。分离的倾向似乎无处不在。他不断尝试制止它们，最后把莉给击倒了。一切都结束了。

请注意，许多临床医生是鼓励自我信任的。但是许多人养成不相信自己直觉，也不相信其他人的习惯。长久以来，那些相信直觉的人，经常受到他们所处文化的谴责，这种文化，不知道直觉是与自我联系的本质，同时也是对这种联系的确认。

说它是本质的，是因为直觉能挽救一个人的生命；说它是一个确认，是因为直觉能够读取并说出内心的真实感受。

我们的健康和幸福，要求对内心的认知非常熟悉，并知道怎样去回应这种认知。它们能够挽救我们的生命。在盖文·贝克尔的《恐惧的礼物》一书中，他写道："女人有直觉，她们知道自己何时处于危险之中。"

除了对内在体验的恐惧，控制者还有其他的恐惧。他们有些特别的需求，如果这些需求被满足就可以让他们暂时摆脱恐惧。从根本上说，控制者害怕自己出错和落败，因此他们要求自己是正确的并能够取胜。让我们来看看他们的这些需要，以及这些需要是怎样由恐惧产生的。

◎ 粉碎个性的体验

如果你不是从内至外了解自己，而是从外至内塑造自我，不考虑你的内心体验，那么将受到不同观点的威胁。受到这样的威胁，不仅是由于它们具有分离的倾向，还因为你要确保所塑造的自我是正确的。压制者经常告诉被压制者"你总认为自己是对的"，他们试图通过这样来使这些人放弃他们的观点。

如果某人逆向塑造了自己的个性，并发现他做什么事都是错的，那么这对他的个性会有什么影响呢?

对一个控制欲太强的人来说,发现做什么都是错的,意味着他们塑造的自我是错的:这是一次粉碎个性的体验。

当压制者在与自己对错误的恐惧作斗争时,被控制者反而怀疑自己是否做错了什么。一些女人已经无数次地被教导说,有很多做法是错误的。

反驳是错误的,抗议是错误的,追求事业是错误的,表达自己观点是错误的……

这些信息能让一个人的感觉麻痹,无法行动,或者至少是在没得到允许的情况下不能行动。

正确性对任何一个想通过假想人固定住另外一个人的人来说,毫无疑问都是重要的,因为在这种情况下,正确性减少了独立的倾向。正确性肯定了只有一个思想、一个观点的联系的建立。

有个男人向我们解释,他是怎样尽力让他的妻子放弃她的世界的:

即使我知道我是错的——是的,有时我确实知道,但我否认它——我要看上去比我的妻子更好一点,这一点是重要的。无论如何我需要取得胜利,我想得到我妻子的支持,这正是我想要她的思想和我一致的原因。如果她思想和我不一致,我就不会支持她,这正好解释了为什么正确性和取得胜利,是如此至关重要。

当取得胜利的前景十分暗淡的时候,我会无节制地辱骂,随意地发怒,我认为那是我正在全力以赴地攻击,以期能够取得胜利。当我失去对自身控制的时候,她会尽全力地去结束这一插曲,即使她没有错,也会承认是她错了。套牢她之后，我才会从一旁走开。

非常有趣的是，"套牢她"和"固定住她"的意思相当接近。

当然，在任何时候，控制者都可能面对恐惧，但他们发现，只要他们有勇气接受配偶的不同观点，自己便不会消失。经受了"不会消失"这一经历以后，他们构建了内在的联系。当这个内在的联系开始发展的时候，破除幻觉就会成为可能。

◎ 对于控制者，使被控制者与他们成为"一体"，是他们孜孜以求的目标

成为"一体"的前提，是一个层级假设：一个人在层级上超越另一个人，因而不会受到正确性的挑战。

当控制者说"你真愚蠢"之类的话时，可能认为，如果他们打倒了某人，就塑造了自我。这种观点在控制者虚构的世界是很普通的。当被控制者放弃希望控制者相信自己不"愚蠢"的企图时，控制者就会相信被控制者与他们已经成为一体了。

但是，我相信这种胜利是不会长久的。

你遇到过这样的情况吗？某个人花了很长的时间与你争论，他反对你所说的一切，只为了赢，只为了让你屈从于他的观点。即使你与你的对手持有相同的观点，他还是会把你当作对手。这个人是在使用前面已经描述过的"无情的逻辑"，让你否认自己的情感。如果是这样的话，那么你遇到了一个着了魔的人，他或她正在满足自己赢的需要。赢的需要的存在，只是因为逆向塑造自我的着魔者需要证明他们是"正确的"。当然在尽力证明自己的那一刻，他们变得令人备感压抑、难以忍

受。控制者对正确性的需要，比他或她对诚实的需要大得多。

赢得一场游戏是有趣的，多数人会有高技巧和好运气的感觉，但赢对控制者来说绝不只是一场游戏那么简单。控制者在和真实的人作斗争的同时，也必须和被自己否定的真实自我作斗争，希望通过一场胜利来埋葬失落的情绪。

控制者需要通过赢来证明自己足够强大，足以经受住试图摆脱控制者的反抗。任何与控制者建立了逆向联系的人，可能会在任何时候切断这种联系，表现出分离的倾向，或持有不同的观点、生活方式和主意，并挑战控制者身份的合理性。

| 第二十章 | # 控制者的控制策略

一个人不需要思考就可以使用控制策略。

大多数控制者，不会有计划地去控制任何一个人，他们尽一切可能让假想人活着并活得很好。控制者当发现分离倾向时会发怒，并且会为真实的人的出现感到震惊。他们的反应是尽力控制这个真实的人。

尤其在家庭关系中，当控制者遇到被控制者回归真实自我的时候，会感到一种分离感，而这种感觉正是他们要尽力避免的。因此，除了有正确性的需要、一体的需要和保护他们身份的需要之外，控制者还需要加强控制。

◎ 控制者总是通过控制别人来达到目的

正常情况下，当人们面临困境时，总会利用内在资源来控制自我。但是，控制者却是通过控制别人来达到目的。控制者试图通过给真实的人下定义来做到这一点："你只不过想引人注意，浪费时间并且惹是生

非罢了。"（杰克3岁的故事）

这就好像控制者在说："既然我已经塑造了你，那么我就知道你在想什么。既然你没有按照我所说的去做，我就要告诉你错在哪儿，这样，你就知道应该成为什么样的人，也就是我的假想人（我的泰迪）。"

控制者每次这么做之后，都感觉更加放心了，有时甚至会感觉到和他们所爱的假想人待在一起非常快乐，"一切似乎都很正常"。这样，辱骂就可能周而复始。控制者所感觉到的日益增长的分离感暂时得到了缓解，但是，不久又恢复了原样。

如果，他们第一次加强控制行为的企图受到抵制的话，他们将变得更加强硬，甚至会去"消灭"真正的人。

还记得在"玉米的故事"中，丈夫是怎样给他妻子算零钱能力下定义的吗？当他真实的妻子说"我猜也许是我们来得太早了……"，就在这个时候她突然取代了假想的妻子（泰迪）。而泰迪一直都非常完美！因而，丈夫的控制和他们之间的控制关系处于危险之中，他感觉受到了驱逐和攻击。他想使他们的关系更亲近一些，并找回泰迪。

回想一下他对真实存在的妻子所表现出来的愤怒："你这家伙连一点该死的零钱也算不清楚！"他削弱了她，通过表现得十分气愤，给他假想的妻子（泰迪）腾出了空间。即使他真正的妻子什么也没有说（看上去几乎是消失了），当他了解到他的定义受到别人质疑时，会再一次定义他的妻子，以满足他加强控制的需要。这一次，他总结性地说道："那家伙自个儿找骂。"

尽管被控制者自己并不愿意，但他们的精神家园的确已经成为其真实自我与假想人之间多次斗争的场所。重新处于控制关系中的被控制者，几乎总要遭受更具压制性的行为，因为控制者再次巩固了泰迪的地位，加强了对被控制者的控制，从而让自己确信泰迪将不会再一次离开！

为了对牢固的控制感到放心，控制者一定会在被控制者的内心世界为假想人留下一些空间，他们通常通过削弱或者减小真实的自我的空间来做到这一点。"你什么都不是"或者"你是一个无足轻重的人"，这样的评述反映了控制者努力抹杀被控制者的企图。控制者得确保，至少在他的或她的假想世界里为泰迪留下一些空间，并且再没有其他人生活在被控制者精神的边界内。

许多被控制者牢牢把握自己的现实，并且知道他们的自我并没有真正被削弱，然而他们还是终将因为这种虐待，付出精神和身体上的代价。

控制者会立即对抵制做出反应，他们这么做，是为了保护自己免受所遇到的抵制的伤害。

◎ 让被控制者孤立无援，控制者就可以如入无人之境

在一对一的控制关系中，如果控制者能够孤立被控制者，避免抵制和加强控制就变得容易了。一旦周围没有了抵制者，他们就能维持幻想。请看接下来的一个案例：

安莉问我："当我的幼儿园办得相当成功的时候，我丈夫要我把它给关了，他似乎对我的成就十分生气。我的儿女都已经长大，中午的时候我都待在家里，他为什么还要对我发火呢？"

"在工作中你认识了很多人吗？"我问道。

"是的，在社区里，我确实相当有名气。"

"这可能使他看到，其他人都把你当作一个独立的人。"

"哦，我明白了。"她说，"我有许多独立的倾向。"

即便控制者努力确保他们的正确性、领先地位和胜利，但是由于没有意识到幻觉的存在，控制者会发现自己越来越虚弱，受到的威胁越来越大。那么，他们除了加强控制和责怪他人之外，还会做些什么呢？

◎ 通过辱骂，让被控制者感受到比身体暴力更恐怖的心理暴力

让我们来看一看口头辱骂是怎样具体地与控制者相联系的。在这些例子中，泰迪是代表任何年龄段或者性别的一个假想人。

- 控制者如果把愤怒的策略与这章提到的其他策略相结合使用，那么控制者正在感觉到威胁，并且想重新得到泰迪。
- 控制者如果使用不回应的策略，就好像正在说："我不会承认和回应你的。你不是真实的，只有泰迪才是真实的。"
- 控制者如果使用责备或问罪的策略，就仿佛正在说："只要你成为泰迪，不要作为一个真实的人来攻击我，我就不会说和做这些。我所做的那些事都是有'原因'的。"
- 控制者如果使用下定义、批评或是蔑视的策略，就仿佛正在说："你已经不是你自己所察觉的你了。我要让你明白你自己是谁，因为你不了解自己是个怎样的人。你应该是泰迪。"
- 控制者如果使用同化的策略，就仿佛正在说："你、你的观点、工

作和兴趣只能表示你有分离的倾向。我要泰迪的兴趣和我的一样。"

- 控制者如果使用威胁、破坏、命令、反击、阻碍、转移的策略时，就仿佛在说："你不能有自我，你不能质疑任何事情，你不能有自己的行事规则，你不能有自己的思想。总之你不能作为一个独立的人存在。只有我的泰迪知道怎样去思考和行动。"

因为受伤而不能说话，与不回应并不一样，知道这一点尤其重要。不回应的目的就是拒绝做出恰当的反应，而另一目的，是采用切断关系这一威胁手段惩罚被控制者。

同样，被控制者对控制者的行为表示愤怒，甚至大声喊："别再这样对我！"同控制者通过恐吓和胁迫的手段，用虐待性的愤怒行为来控制其他人是不一样的。

◎ 跟踪，一种危险的控制手段

我们都听说过，有人会偷偷地跟在他们以前的或者臆想的情人、配偶后面，或者蹑手蹑脚地企图接近名人或那些看起来很容易接近的人的后面。统计数字显示，当一个女人离开有虐待行为的配偶后，多数会处于危险境地，因为她们的丈夫可能会偷偷地接近（我们称为潜近）她，甚至袭击她。

有些专家推测，潜近行为与男人最初的狩猎本能有关系，非常多的女人受到跟踪。但我们知道，女人中也有很多潜近者，这样，我们就可以把潜近行为当作是一种相隔一定距离的控制关系。

通过接近真实的人保持对假想人的掌控，是这一行为的首要企图。控制者潜近目标，是因为他们不想失去一个能固定泰迪的地方。一旦将假想人固定在真实的人身上，潜近者就不想让他（她）离开。

潜近者是残酷和带有强迫性的。当潜近者追踪一个陌生人的时候，他们"知道"被跟踪者"应该"会怎样，有怎样的感觉，等等。他们"知道"这些，是因为这个目标（真实的人）在潜近者的脑子里，已经变成了一个"假想的人"。

一般来说，当潜近者发现目标对他们的行为做出反应时，如向后张望，改变电话号码，或者快速跑开等，他们就感觉产生了联系：这种潜近行为已经引发了直接的反应。现在，潜近者的影子已经留在了跟踪目标的"脑海里"，而跟踪目标的脑海，正是潜近者一直以来最想存在的地方——"我们是如此接近"。

一些潜近者会杀害他们跟踪的人。潜近者的潜意识是，"是你让我这么干的，这是我所做的最后一件事，这样我就可以得到你了"，因此潜近者可能会杀掉他的目标，以防止泰迪逃掉。可悲的是，当死亡是控制关系最后的结果时，犯罪就成了逆向联系最终的结局。

我听说过很多有关女人被跟踪的事。有位女士告诉我，她这已经是第四次被人跟踪了。她为此害怕极了，以前从没碰到过这样的潜近者。这位女士只有21岁。

另一位已脱离潜近者的女士，曾听到这样一句令人发抖的话："除非你和我在一起，否则这一切不会结束的。如果那是坟墓，我们就一起进坟墓！"

◎ 公路暴力也是控制关系的一种表现形式

相隔一定距离的控制关系还有另一种表现形式，即反对陌生人的行动。大多数人对以下这种事情很熟悉：某个司机因为非常不起眼的一件小事，与别的司机大打出手。这就是公路暴力。控制者经常会采取行动，报复那些与他们想象不一样的人。在20世纪90年代，美国新闻媒体提醒公民，防止轻率的公路暴力发生。

美国汽车协会有关公路暴力的一份研究发现，攻击者经常被一些非常小、自然产生，或者是非常中立的行为所激怒。例如，受害司机没有按照攻击者所设想的速度减速，受害司机在攻击者认为不应该转弯的地方转了弯，受害司机把车子停在了攻击者认为不应该停放的地方，等等。

第二十一章

为侵犯行为虚构原因

> 逆向建立自我的人，最大障碍是没有意识到已经
> 建立了某种逆向联系。

令人吃惊的是，当控制者为他们的压制行为找到借口时，他们似乎非常相信自己。"是他们做事、看问题和说话的方式，使我这么做的！"或者说："我什么也没有做呀！"

◎ 为什么有些丈夫会忽略、攻击真实的妻子

每星期都有人告诉我一些与D先生的解释类似的话：

我让一位精神病医师和两位临床医学家——他们都是博士——相信我是正常的，是我妻子有精神病。

我所有的朋友和同事都认为，我是一个非常优秀的年轻人。虽然我已经能够坦然面对第一次被捕入狱的经历，并向我的朋友坦白了这一

点——我已经克服了一个一直困扰着我的主要问题。但我的朋友们却表现得难以置信。

当控制者加强对别人的控制时，一种无形的力量也加紧对他们的控制。当D先生开始有时间去反省自己行为时，他意识到，自己并不知道为什么会这么做，为什么他会忽略、攻击，并企图定义、削弱和消灭他真实的妻子。这里有另一个案例：

有个叫乔的人来我办公室寻求帮助。

前一天晚上，他和妻子、朋友一起出去吃饭。妻子点了一个她自己很喜欢吃的菜。"我喜欢意大利扁面条。"她说。

乔告诉我，一听到她说这个，他马上克制不住自己的怒气，于是"大发脾气"。他觉得当时的这种行为很正常，因为妻子居然不知道他希望她点些什么。

我让他说说当时妻子的反应。

"她开始很平静，然后找了个借口走开了。过了大概十分钟才回来。接着她还是和大家聊天，只是不理我。饭后在我们驾车回家的路上，她告诉我说她心里很难受，而我除了让她闭嘴，其余什么也没说。"

我和乔交流他妻子的痛苦。然后我问道："既然你知道她感觉受到了打击和伤害，完全被你忽视了，你怎么不向她道歉，和她交流一下呢？"

"我不能这么去做。"

"为什么？"

"因为这样她就知道有什么问题了。"

乔看起来属于心地仁慈、态度友好的人，他并不疯狂。乔只是已经习惯梦想中的妻子，已经忘记了他真实妻子的存在了。最重要的是，他一直认为，如果他不告诉妻子有什么问题的话，妻子就不可能知道！

实际上，乔的愤怒是对他妻子独立倾向的反应：他的妻子发自内心的想法——"我要意大利扁面条"（泰迪绝对不能有自己的想法）。

当我向他解释控制关系时，他开始明白他的行为是很不适当的。后来乔再来咨询时说，和妻子到饭馆吃饭，他已经能够让妻子按照自己的意思点菜了，虽然当时他仍然觉得她冒犯了他，毕竟泰迪肯定不会像那样点菜，因为在他还没有考虑是否要吃比萨饼的时候，泰迪就知道他怎样想的了。

乔接受了我推荐的康复计划，他努力掌控自己的行为，并且以尊重的态度去听妻子说话，最后他终于逐步克服了那些不良行为。

控制者知道自己的行为是非理性的，但这并不能立即使他停止压制性行为。这需要一段时间。

心理处于极度混乱的乔，表明了他希望克服幻觉影响的愿望。我们交谈的时候，他说了以下这些话：

"我从没有像对妻子那样对待过任何人。"他说，"我把那些行为告诉每一个人，包括我的家人和朋友们，他们都没法相信。他们没法理解我的另一面！我自己也不能理解。甚至，当我意识到做了很不好的事后，还是会一而再再而三地那样做，还是会很残忍地对待她。这是为什么？"

"我想知道到底发生了什么事。你能告诉我吗？"我问道。

"她答应我留下来，看看在后面几个月内，我们能否解决这些问题。过了一阵子，她打电话问我，这么多天了，希望能听到我为此做了些什么。"

"我知道我已经把她封闭在我的生活之外（乔对他的事业非常投入），因此我告诉她我一会儿就来，我们需要好好谈谈。十分钟以后我到家了，一看到她，我就用能想到的最挖苦的话对她说：'你想知道我做了些什么，是吧，那好，现在我就告诉你，我什么也没做，满意了吧。'"

"她说，'你不用再说，不用再说了！'然后她就离开家了。"

"是什么促使我那样去做呢？我羞辱她，伤害她，而我却不知道为什么。难道我真的有双重人格？"

我告诉他有关假想人——泰迪幻觉的情况，以及面对"真实的人"和失去控制关系的恐惧感等事情。

乔的妻子，被许多类似的事情深深伤害，最后她只能永远地离开乔。当乔明白为什么之后，他说："我现在能做的，就是支持她按照自己的方式生活。我再也不会埋怨她了，是我自己需要时间去改变。"

乔确实支持他妻子离开一阵子，他现在开始着手改善他们之间的关系。

与乔不同的是，其他控制者不知道自己已经建立了一个控制关系，不知道自己害怕其他人独立，甚至不知道自己为什么会做那些事情，他们为自己的侵害行为虚构"原因"，甚至为已经被揭穿的一切寻找借口。

◎ 控制者虚构事实时，总认为他们说的就是事情的真相

现在我们又要面对一个奇怪的悖论：控制者可能会相信，他们是被

某件事激怒的，而事实是，他们自己虚构了这件事。回想一下在"玉米的故事"中，那位丈夫是怎样被激怒的，当他妻子对能找回多少零钱没有把握时，他被激怒了。他说"连个该死的零钱也算不清楚"，他虚构了他发怒的一个"理由"。其实他发怒的真正原因是：妻子自发地说了些东西，而这些超出了他设定的范围，并且不是他所期望的——泰迪是不会这样说的。

因为他不知道自己为什么会发怒，于是他的思想给了一个"原因"，这就是那个虚构的事实。

同样，在"泰迪幻觉"中，当泰迪问："你什么时候回来？"控制者就被激怒了，并且因为这种情绪而责备泰迪："你这么问就是想审问我。"

当有人发生失控行为之后，很难记起和理解"那时"发生了什么，就好像那段时间丧失了记忆。当出现这种情况时，他们的心里会自动地虚构当时发生的情况，或者虚构一个"原因"来为他们的行为做出解释。

精神病诊断手册描述了这么一个诊断，特别符合上述内容："遗忘症没有其他什么具体的症状，比较明显的是，患者总是用他们幻想的事情去填补他们记忆的空白。"

虚构事实让我们感觉自己的身心是健全的。虚构的事实看起来就像真实的记忆一样，对有虚构行为的人来说它就是真理，因此当某个人虚构一个原因来解释发怒现象时，他往往认为，这个虚构的事实确实就是导致他们发怒的原因。明白以上情况后，当施虐者解释他们的行为，自认为在讲述真相时，我们就不必感到惊讶了。

虚构事实对控制者具有可怕而令人难以置信的影响：当人们把虚幻的东西当作真理一样对待的时候，就好像已经步入了虚幻的世界。

◎ 没有人愿意在虚幻中生存，因此控制者活得并不潇洒

没有人愿意被一个假想的人取代，或受控制者的影响；没有人愿意受任何无形力量的左右。但毫无疑问的是，这样的情况的的确确存在着。许多人已经失去了生活与精神上的乐趣，因为他们正处于那些深受幻觉影响的人控制之下。有些人可能已经开始意识到并抵制这种行为，但是被无情地制止了。因此，我们没有看到控制行为得到明显消减的趋势。

无论是否已经了解控制关系，每个人都会自然而然地反对企图"塑造我们"的人。我们反对那些假装说过而实际没说过，或者假装没说过而实际说过什么的人；反对那些让我们感到不安的人；反对那些让我们感觉受抵制的人，即使我们并不十分确信抵制的原因。

如果意识到这些，那么，不管它是压制性的状态还是压制性的关系，我们都能恰当地做出反应，说出我们的反对意见，安静地离开或者躲开，甚至是做好逃脱的计划。

反对的结果是，控制者在其一生遭受无尽的抵制。当控制者努力地斗争想维持控制关系时，会越陷越深，越来越处于幻觉的影响之下。他们的脚下没有坚固的土壤让他们立足，没有与自己内心世界的联系，生活在一个四面楚歌的世界里，分离的威胁接连不断。这造成他们对正确性的需要、一体的需要、赢的需要和加强控制的需要。

于是他们发动连续不断的攻击，承受着与日俱增的压力。从某种现实意义来说，幻觉正在反对生命本身。当一个人沉浸于幻想世界时，处于无意识的状态，此时，让他们承认假想人、其他人或者其他事，是一件很不容易的事。有些控制者坚持他们的幻想，根本不考虑手段或者结果。在一些案例中，这甚至导致了死亡事件的发生。

一旦原因被虚构出来，控制者可能又向前走了一步。控制者可以从其他人那里获得对其控制行为的认同。

当一个人获取了另一个人的认同，结成联盟去反对另外某个人或者某个企业的时候，他的控制关系就被放大了。我们将在下一章进入这个新的领域。

③ 情景测试

测测你与同事之间的控制状况

下面的测试，从三种情景测查你与同事之间的控制状况。请根据你的实际情况回答，并参照书后的解释，加深对自己的了解，以便能和同事更加融洽地相处。

李强和阿力供职于一家广告公司，两人共同为一家童鞋厂设计室外广告，所设计的广告词却不相同。李强的广告词为"千里之行，始于足下"，他认为这句谚语主题鲜明，朗朗上口；阿力的广告词为"踏遍荆棘，信步天下"，他认为，这会使该产品在童鞋市场上更具竞争力。如果你是阿力，你会：

A　坚持自己，丝毫不退让。

B　将两个方案拿给上司看，力荐自己的方案。

C　想办法说服阿力放弃。

D　如果感觉对方强硬，就放弃自己的想法。

E　肯定李强的思路，否定自己的想法。

办公室里有一位同事追赶潮流，发式和穿戴都比较怪异，你并不喜欢这样，你会如何对待：

A　直接批评他。

B　不直接说，但表现出讨厌对方的神情。

C　婉转提醒对方。

D　并不表现出反感。

E　慢慢就习惯了对方的打扮。

你和一位同级主管负责招聘一位业务员，你们对一位应聘者的看法发生了分歧，你如何解决这种分歧：

A　态度比较强硬，要对方听从自己。

B　努力说服对方。

C　充分讨论，取得共识。

D　保留自己的看法。

E　放弃自己的观点，听从对方。

以上选项A、B、C、D、E所代表的分值分别为：4、3、2、1、0。请算出你的得分。书的最后一章中，专家会给你一些建议。

第三部分

联合起来共同虚构

在这一部分，

我们不再探讨一对一的控制关系，

开始进入团体关系的领域。

我们要看看，

当受制于幻觉的人聚在一起的时候，

会有什么事发生；

还要搞清楚这些"亲密的"关系具有什么深远的影响。

| 第二十二章 | **更加病态的联系** |

共同虚构似乎比独自虚构来得更容易一些。

沉溺于控制行为的人，总是以一种逆向的方式接近他人，或者与他人发生联系。由于这些人已经失去了与自我真实的联系，他们还会构建出与外界相背离的独特形象。

因为他们受到了一种无形力量的控制，所以不知道自己的行为是毫无意义的。非常矛盾的是，他们会不由自主地保持这种控制。他们不断地争斗，自己也不知道是为了什么。

他们必须维持一种虚幻的联系，保护那个通过逆向方式构建的自我。可悲的是，由于这种错觉，他们会觉得日常生活充满了对自己的威胁。

◎ 健康团队对其成员有益，对其他人也没有害处

现在，让我们来看看团体的控制关系。当我们进入这一全新的领域

时，为了进行对比研究，首先要看一下健康团队的情况。

绝大部分人都很乐意成为集体的一分子。当我们为了特定的目标和其他人结合起来时，会感到已经建立了某种联系。一个健康的团队，对其成员是有益的，同时对其他人也没有害处，只是在一致的意义和目标的背景下运行。它不是固定和孤立的，规模可大可小——在刚开始时可能只有两个人——团队成员是为了某个特定的目标走到一起的。

团队内部和团队之间的信息交流对成员是开放的。这些团队只是人类社会的一部分，人类社会当然也是由许多小团体构成的大团体。为了使一个团体能够正常运行，成员也必须遵守他们内部的规则。

社会上有各种各样的团体，包括企业、协会、社区组织等等。家庭也是一种团体，只是与企业以及职业团体相比较，家庭成员的结合程度要更深一些而已。家庭成员互相依赖，彼此分担责任，在尊重和友善的氛围中获得彼此的情感支持。

◎ 不健康团体形成的目的，是损害他人的利益

与健康的团体相反，不健康的团体之所以结合起来，是为了对付其他人或其他组织。这样的结合也可以只在两个人之间进行。不难想象，一个失去自我的人，是多么需要建立多重联系——比如联合虚构的个人或人群，联合其他具有相同幻觉的个人或团体，甚至联合那些仅仅只是可能具有相同幻觉的个人或团体。

为了不良目的结合，除了可以建立正式组织，还可以通过很多极不正式、狡猾、诡秘的方式建立非正式团体。在挖掘那些正式的组织形式之前，先来看一下为对抗他人结合起来的非正式团体。

当两个人或者更多人对其他人或组织下定义时，实际上已经结合起

来对付那个人或组织了。这种结合，就像其他的任何一种控制关系一样，是正常联系的病态替代，是建立在某种幻觉基础上的。"我们知道那个人是谁，干什么的，那个人将会怎么样；我们还知道，什么对他来说才是最合适的。"

你很可能经历过类似的情况。在"玉米的故事"中，假设那个男人说完"那家伙自个儿找骂"之后，我接着说"是的，她就是那样"，那么，我已经和他产生了共同的幻觉，并且结合起来，共同"对付"他真实的妻子。在和同伴交流之后，那个丈夫会更加确信虚构人物的存在。更重要的是，他能够感觉到，他已经和我无形地结盟了，而对付的就是他的妻子。这是个更加病态的关系。

再比如，当一个恶棍在诋毁和嘲笑某个过路人的时候，有个人加入进来，听到这些恶毒的话还笑容满面，那么这个恶棍就找到了共识。

有些人就是以这样的方式结合起来对付其他人，两个人都受到了幻觉的控制，形成了某种共同的幻觉。

◎ 而多数遭受虐待的人会长期忍受折磨和痛苦

许多遭受过虐待的人害怕对别人讲起自己受到的侵扰，因为那些都是让他们十分痛苦的事。他们害怕受到虐待者的非难："恶人先告状，都是你的罪过，活该你挨骂（打），这些都是你自己造成的。"

甚至，当控制者从幻觉中挣脱出来后，把自己的错误行为告诉其他人，听众往往也很难接受其中的关系。回忆一下乔说过的话，"我把这告诉每一个人，包括我的家人和朋友们，他们都没法相信。他们没法理解我的另一面！"

就像许多受虐者一样，乔的妻子也没有告诉过任何人，自己长期默默忍受着折磨和痛苦。她怕遭到乔的非难，怕乔说她联合别人来对付他。由于她不明白幻觉的存在，所以她很费解，但是又说不清楚。她无法寻求别人的确认。

实际上，我们可以依靠其他人组成团体，交流观点和信息，通过其他人来理解我们的经历，肯定自己的行为，特别是在这些经历令人迷惑的时候。

例如，被控制者可能会问一个朋友："如果这些事发生在你身上，你会怎么想？"经过别人一段时间的评论和否认，许多人都能找到他们需要的确认。这么做的时候，你并没有联合起来对付其他人。相反，只是想确认自己的真实性——换句话说，是想确认自己没有失控。

确认是对个人经历的证实和求证，这与和别人达成共识以对付其他的人或组织，是完全不同的。为了对付和控制其他人而达成的共识，会强化幻觉的影响力。

诋毁和攻击真实的人是控制者的习惯。当别人相信他们的话，或者当他们没有遇到任何抵制时，他们会觉得自己行为的正当性得到了确认。假想的人是那么活灵活现、那么完美，而现实中的人却变得一无是处——现实中的人似乎不存在了，甚至根本就没有存在过。控制者和越多的人达成共识，对自己的行为就越加肯定，越加感到自己建立了更多的认同关系。

但是，试图去虚构整个人群是非常危险的。如果这种荒谬的压制行为失去控制，惨剧就会发生。

有些孤僻的人甚至可以凭想象来完成这一切，他们抱的是"我来对付他们"的态度。被传媒广为报道的投弹犯西奥多·卡兹斯基就是这么一个人。从本书的观点来看，他受幻觉的控制非常深。

他于1996年4月被捕入狱，被连续判处3个终身监禁。他被指控通过邮寄炸弹杀人。大约20年的时间里，他一共杀了3个人，29人受伤。在幻觉的控制下，他和很多人联合起来，怨恨科技，视科技如魔鬼，对付那些为发展科技而工作的人。然后，他就开始了他的暗杀活动，受害者都和他持有不同想法，没有按他的希望去做，或者与他虚拟中的对象不相吻合。

他相信，只要他给予别人足够的恐吓，施加足够的暴力和威胁，就能把梦想中的世界变为现实。在他的这个世界中，科技没有容身之处。

◎ 信不信由你，联合起来对付他人的现象无处不在

受幻觉控制的个体和受幻觉控制的团体，呈现出惊人的相似。控制者可能会说："你在找麻烦，不要以为你能够逃掉。"一个街头帮派结合起来是为了对付另一个帮派，他们会说同样的话。

结合起来对付其他人，是一种悲哀和病态的自助方案。通过强有力的双重联系来消除孤立无联系的痛苦，就像可的松对皮疹的疗效一样。团体的每个成员都把自己和团体联系在一起。而他们认为的其他人，则是他们想象的，是他们对他人预设的形象。

通过集体达成的共识，使他们更加确信自己是对的，削减了对自身的困惑，显示了他们高于对手的优越性，还减少了对抵制者的恐惧。

结合起来对付其他人的现象无处不在。艾伯特给我讲了下面这个故事：

他在一家生意兴隆的企业工作，每周总要和其他四五名同事聚会两

次，讨论各种经营难题。

当他做成几笔大买卖开始自我陶醉的时候，其他同事叽叽喳喳地从他身边走过，对他看都不看一眼。

当他贡献出一个点子或者新看法的时候，往往会被别人打断，或者得不到任何回应。他感到非常沮丧和不安，希望能够引起别人的重视，但无论怎么努力都没有效果。

他的同事对他的表现毫不在意，好像他是个漂浮着的人，甚至就当没他这个人似的。

因为他们从他的成功中感到了威胁，所以就千方百计地摆脱威胁。通过这种方式，他们可以一直沉浸在自己的幻觉中：只要他们按照自己的想法行事，他们就是成功的——因此，他似乎就不存在了。

结合起来对付其他人的条件：

- 在幻觉的控制之下。
- 觉得自己是对的，其他人是错的。
- 找到其他受幻觉控制的人或团体，双方互相接近，或者单凭想象来完成这一切。
- 在"谁错了，该对付谁"这一问题上达成共识。
- 加入一个已经替你做出选择的团体。

◎ 非家庭成员一般会被认为是局外人

一个受幻觉影响很深的控制者遇到某个持有不同世界观的人，特别是当这个人来自不同的文化背景，对日常事物表现出不同的理解和价值观的时候，控制者就会感到他的地位受到了威胁：他既然站在真理的一边，观点与他不同的人能是对的吗？有差异的方面包括地区、文化、年龄、肤色、体重、居住时间、生活方式、工作、兴趣、收入、教育、饮食习惯等等，这些差异同时也是分离的迹象。

有些团体是建立在家庭和亲戚关系基础上的，如兄弟姐妹、姑表姐亲等等。正常情况下，这些团体当然是健康的，但是，在一些异常的案例中，他们也会结合起来去对付不属于他们圈子中的人。非家庭成员当然是局外人。

米拉在一个校区工作，是个家族企业的反对者，她和校区负责人没有任何亲戚关系。可是在这里，校区负责人把每一个新职位都给了他们的亲戚——从教师到助手。

米拉得到的评价总是很低，同事们不理睬她，她还经常因为其他雇员的错误遭到训斥。因此，她遭受了生理上的巨大痛苦：焦虑不安、突如其来的恐慌、失眠，甚至还有医生都无法治愈的皮疹，以及越来越重的疲劳感等。她根本不知道这一切是怎么发生的，竭尽全力想表现得好一点，以避免被进一步排挤，这种压力已经对她的免疫系统造成了伤害。

在许多压制性关系中，我已经发现过这些症状。米拉自己能看得出来，她的同事们在联合起来对付她，他们的行为很明显，但没有考虑这样做正确与否。她明白，在很大程度上他们是矛盾的，但不太可能会改变自己的行为。

米拉使尽所有智慧，挖掘全部潜力，也没有解决问题。于是她来我这里寻求帮助，并接受培训。

米拉后来认识到，如果通过既定规则争取，她完全可以凭自己的力量做得更好。

实际上，她这么去做了。结果过了一些天，她的皮疹、失眠还有其他健康问题全部消失了。她说，这是因为她知道了控制关系的存在，而受幻觉控制的人，总是要联合起来对付其他人的。认清了这些，她也就有信心去改变这一切。

◎ 偏见是对幻觉的无限放大

如果无法清醒，受幻觉控制的人可能会在幻觉控制中越陷越深。他们试图消除所有孤立的感觉，会教育他们的孩子应该对付谁，这么一来就强化了幻觉的影响力。

当有人因为别人的不同而对其持有敌意时，一般不会使这种敌对态度溢于言表："那些人跟我不一样，我害怕他们，感到自己受到威胁。"相反，害怕的人会用其他错误的原因来解释，虽然那些原因已经被歪曲，只是一些无聊的废话。这么做也会强化敌对态度，并且一代一代地传下去，直到子女能够拥有认同感和包容心为止。

通常，这些"理由"会从简单的闲言碎语发展成"真理"。它们已经在某种文化或某个家庭中存在很长时间了，因此变得不容置疑。它们看上去似乎是真的，好像就是事物的本来面貌。偏见和陈规陋习正是闲言碎语演化而来的。

当有人把偏见当作真理的时候，偏见就会像电池一样使其充满动力，让他随时准备去对付其他人。偏见遮蔽了他的洞察力，阻碍了清醒的认识，却让他宣称了解某人或某个团体的实际状况，全然不顾这么做是不是有益，也不论自己有没有真凭实据。当一个人用偏见来对付别人的时候，往往会先贬低别人。

◎ 一分为二，格言里也有糟粕

受幻觉控制的人，会用陈规陋习来支持他们的偏见。陈规陋习是一种错觉，会在某种文化里面得到反复强调，最后被当成真理，起到"塑造"人的作用。它们广泛地存在于电影、电视剧、卡通、连环画和人们的谈话当中。

性别歧视和年龄偏见是最普遍的。这些对正常人格的蔑视不是很容易显露出来，往往会以媒体节目、自编剧目的形式出现。演员知道这些不过是"游戏"，但毕竟是那样子表演的，有些现实中的人接受了这种戏剧角色，把它当作模板在现实生活中进行模仿。

就像凸透镜一样，陈规陋习不过是对现实的扭曲，它用某种幻觉来代替现实，而这种行为又加剧了幻觉的控制力。

当然，另一方面，就像简陋的包装盒里可能藏有珠宝一样，格言也可能蕴含真理。"防微杜渐"这一句格言，揭示了系统性原则：事物总是运动的，永不停止，随着时间的推移会改变自身的强度和频率，比如一条裂缝可能会发展成一条大沟。

类似的是，如果一个人建立了逆向联系，把他的虚拟对象强加在他人身上（就像现实中的一条裂缝），并一直沉溺于此，不想停止（不去修补那条裂缝），他会非常小心，防止他和这种联系之间出现任何分离迹象。他的行为频度和强度将会越来越大，直到最后，分离倾向演变为完全的分裂（类似于大沟的形成）。

其他人或许会拥有你所没有的本领——比如会计师，或许能更准确地预测外界经济的发展趋势——比如财政分析师。但是，当涉及自身感受的时候，你就是自己的权威。外界的权威只能给予建议，提供蓝图，或者是提供询问的机会。

在谈到生理征兆时，像医生这样有特殊经验的权威，会比帮你照看孩子的人更能搞清楚你是什么地方出现了问题。但从另外一方面，当那个听到临床医生说要忽视自己直觉的女人找到我时，我更想说："在你杂货铺里工作的人，可能比你所咨询的'权威'更容易理解你的感受。"

尽管如此，我还是认为，当你愿意放弃与虚构对象的联系时，临床医学家能够提供更强有力的支持，帮助大家重新建立与自我的联系。

第二十三章

真实是幻觉的破坏者

保持意见一致的最好方法是一致性联系。

假想的人和控制者的意见总是保持一致的。他们如此密不可分，好像控制者希望那些他们想亲近的人遵从他们的想法一样。

◎ 无论是工作还是家庭，服从将扼杀创造力

许多控制者，希望其他人跟他们的意见保持一致。要确保意见一致，最好的方法是和其他人结合起来，在没有必要的情况下，不去反对某个人或某个团体，只是结合起来反对变化本身。为了抵制变化而结合起来可以严格控制现状，使它们保持不变。

一致性就像胶水一样，将很多人的现实粘连在一起；而一致性联系，就像是海洋上的救生艇，使一致性团体确信他们是联系在一起的。

尽管如此，一致性联系也受到不断的威胁，有许多途径可以让小船摇摆不定。比如说真实性所引发的不一致，随时都可能以新的意见、新

的兴趣、新的事业和新的生活方式体现，结果就是威胁到团体对现实状况的控制，显然也会破坏他们之间的脆弱联系。

当幻觉突然降临到某个家庭，将其黏合起来抵制变化时，一致性联系可以把家庭团结起来，只不过用的是逆向方式。如果有家庭成员不接受大家的共同协定，毫无疑问，家庭的控制者就会用排斥、断绝关系、拒绝或者体罚来威胁。可以说，对于家庭集权主义者来说，一致性（服从）是必需的。

一致性联系还可能在工作单位出现。当一致性（服从）优先于创造力时，受到独立倾向威胁的控制者，会对不服从行为产生特别的恐惧。其他人的想法、意见、开放性和创造力不仅仅与他们的控制关系对立，而且也威胁到他们的一致性联系。因此，表达新想法和新观点的人，可能会遭到忽视、嘲笑，成为敌视的对象，或者有人会直接告诉他要服从一致性。

理查德是一名高科技专家，受雇于一家大公司已经将近20年了。

一天，他打电话告诉我，他决定调到另一个地区去工作。

不久以后，他又打电话告诉我，上班的第一天，他就被上司的话惊呆了，"在这个公司，服从比业绩更重要"。

他工作的质量和创造性曾经为他赢得荣誉，这对他来说至关重要。现在，这些都不重要了，至少在这家公司是这样。通过这种不经意的方式，他被告知只要保持现状即可，似乎这就是规范。

为了获得维护真实的自由，理查德付出了代价。他离开了那家公司，又穿越整个国家回到了原来的地方，找了一份新的工作。

当大多数人都想保持现状的时候，维护真实的风险变得更大。

伽利略说过一句话，大意是这样的："我们都理解错了。太阳并不绕着地球转，相反，地球是绕着太阳转的。"伽利略的发现是伟大的。但是，占据优势的宗教权威却要求伽利略收回他的发现，因为他的发现和宗教权威的观点不一致。

他们不仅规定你应该如何做、做什么、错在哪儿了，还想去规定宇宙该如何运转。通过虚幻的方式，他们觉得自己和上帝（他们所想象的上帝）结合在一起，共同来对付伽利略。

他们不愿意接受新的思想，因为这会威胁到他们的权威身份，危及一致性联系，影响到彼此间以及跟上帝之间用以对付那些异端的结合。

伽利略不愿屈从，因此受到了宗教的审判，他被强迫放弃自己的思想，并且遭受痛苦的折磨。严重的创伤使他在9年后去世了。

◎ 暴乱产生的根源，来自暴徒瞬时的一致性联系

一致性联系中最惹人注目的就是"暴徒心理"和"信徒崇拜"。恐怖事件能够表明，在缺乏理解而充斥着敌意的情势下，强制力是极其有效的。

当一群人为某个目的所驱使时，总是会攻击其他人。最能精确而明了地表明一致性联系的是暴徒心理——示威者的一时冲动，使简单的抗议变成了一场骚乱。

在暴徒心理状态下建立一致性联系，最快也最容易，没有比暴徒心理更显而易见的奇怪现象了。幻觉可以很容易地获得成功，几乎不会遭到抵制。思维一致并且诉诸武力的暴徒心理，似乎提供了一种即时解决孤立问题的方案。其诱人之处不仅在于对及时性联系的承诺，还有"正当性"的集体共识。

"暴徒们"最需要的就是催化剂了。只要有一个人打破一扇窗户，或者扔出去一块石头，那些抱着"我来对付他们"心理的人，就很容易加入进去，一场暴乱也就发生了。类似的是，群体斗殴也很容易爆发。一个人撞了另外一个人，有人回击了一下；有人皮肤是深色的，有人皮肤则是浅色的；有人说本地话，有人则说外地话。没有关系，在那种紧急状况下，差异总是很容易被发现，幻觉也会及时发挥作用。

现在，让我们来看看一种特殊的结合情况：通过高度组织化的形式结合起来的人们，他们一般不会反对其他人，反而会为了支持其头领反对他们自己。

◎ 邪教中的控制关系，使信徒唯教主马首是瞻

邪教的组织最为严密，而且完全是一个虚幻的世界。教主是最主要的控制者，他为信徒规定了一切行为的意义、目标和功能，甚至还决定信徒的生命。他对所有的决定都有最后决策权，甚至包括私人决定。

结果，教主成了信徒自身的准绳，就像声名狼藉的邪教"天堂之门"的马歇尔·艾伯怀特那样。在艾伯怀特的诱导下，教派成员加入进来就是为了进行集体自杀。

艾伯怀特建立了对追随者严密的控制关系，这些追随者就是他的虚拟对象。他的"正当性"不断得到确认，因为他的信徒们甚至可以追随他去死。

当信徒们失去真实自我后，就被迫和虚构的自我建立联系，教主就是他们自我的模型。换一句话来说，一个人失去真实自我后，教主就变成了他的"自我"。为了维持对整体的控制地位，教主建立了严格的一致性，他操纵教派成员，强迫他们顺从。

就像我们了解的控制者一样，那些教主给追随者下了定义：他"知道"追随者应该是什么样子，应该做些什么，并且像上帝那样规定他们的言行。最后，信徒们既失去了本性，也不能把握自己。

有人问原"天堂之门"的成员、自杀行为的唯一幸存者，他是否打算引导其他人加入邪教，他说："我们甚至都无法引导我们自己。"

就像拼图游戏的每一幅图片一样，教派领袖和信徒结合起来组成完整的图画。但是，这幅画是看不见的，它只是心理上的一幅画：一种最高程度的控制关系。

老资格的教派成员可以代表教主成为控制者。为了压制新的成员，他们采用削弱、轻视、侮辱、攻击、降格、贬低身份等手段，严重侵蚀他人的现实意识。他们这么做通常不是为了毁灭其他人，而只是要把别人转变成虚幻的人——和他们意见一致的人，这样就能够和他们一起进入虚幻世界。

过了一段时间，新教徒和准教徒们在系统的训练下，会失去自我联系。就像受到严重虐待的儿童，或处在残酷虐待关系中的其他人一样，他们的交流受到了严格的控制。他们被人监视，一旦有分离的倾向，就会受到处罚。他们被无情地强迫成为虚幻的人群，被塑造成虚幻的人，生活在教主建立的虚拟世界中。

如果信徒的训练是成功的，新信徒和准信徒会对自身产生怀疑，因而接受教化。事实上，如果他们的信仰系统和个人现实被打碎的话，信徒训练者，特别是教主，就会来扮演拯救者的角色。于是，信徒现实和一个新建构的信仰系统，将会取代原来的个人现实。信徒就是经过这个过程被训练出来的。新成员必须相信他们是"有罪"的，因此，他们的教主——权力滥用者——就会按照规定好的行动计划"引导他们去赎罪"。

通过教化、洗脑和日益增加成员间的压力，新信徒和准信徒会把原来脆弱的个人联系，转变为坚固的信徒间联系。最后，他们就建立了三重联系：反对他们自己的彼此间联系，保持和教主之间的联系，以及共同的一致性联系。

我曾经获得一个特别机会，约见了一位女士，她在25岁的时候脱离了教派。她那非凡的勇气感动和激励了我。她觉得自己那段恐怖的经历十分有意义，并且重新找到了生活的目标。当她向我叙述她的故事时，我的认识得到了升华，我明白了，控制者对他人思想的控制，就是对他人真实的自我的不断攻击。

下面就是有关那次会面的一些情况。请注意，教主可能是男性，也可能是女性，只是在这个案例中教主是男性。

这个教主拥有特殊的本领——一种其他任何人都不会拥有的本领。他的本领似乎来自耶稣、上帝或者外星人。他的本领好像就是一个神话，只不过在他这里转为现实而已。

隔离是主要手段。信徒们不知道他们生活在一个"虚幻世界"中。他们和外界联系极少，甚至不允许发生联系；被教化得对"外部世界的人"产生恐惧。他们没有任何参考和对比，不知道现实世界和他们的信徒世界有什么差异。

信徒们被强制要求服从教主的训导，否则就会遭受可怕的惩罚：会被驱逐出"这个世界"，重新回到被教主拯救出来之前待的地方，那样就再也没有人来帮助自己对付"恶魔"了。

规则极其严格。成员们可以居住在自己家里，但他们的衣着、开支和活动都必须得到教主的批准。他们不仅和外部世界是隔绝的，而且内部也是一样，彼此是孤立的。他们被训导，自己是不可能知晓真理的。

有个特例，在另一种教派里面，信徒们听说真理会通过某种神奇的方式到达他们身边，而且没有任何理由可以解释这个现象。这种教派诱导信徒，使他们深深陷入对往事的回忆之中，这种回忆产生的感觉会使他们变得软弱无力，不再注重现实生活，从而完全处于教主的控制之下。

信徒们必须向教主坦白他们所有的思想，这是为了表示对教主绝对的忠诚。坦白秘密可以被看作是对教主的某种特定支持，它能够进一步提升他们教主的能力。

大家都没有知心朋友，成员们的信件和报刊要受到监控，谈话也会受到详细审查。一般来说，私人空间是被禁止的。

教主可以去任何一个家庭，睡在任意一张床上，到任何一个地方，而且，他的这种侵扰是被信徒们接受的，因为他和他们的"联系"已经赋予了他这样做的权力。

教主"闯入"每一个信徒的脑中，声称这是上帝的旨意。他要求了解每一个人的秘密，并且会利用从其他成员那儿搜集到的信息交流，这使他看上去好像无所不知。

极其荒谬的是，没有信徒会认识到他们的团体是个邪教。他们会觉得自己是被挑选出来的，是"内部人士"，只有他们才有幸通过教主得知来自"人类以外"的秘密，并获得一些拯救生命的本事。

下面是我和前面提到的那个前教派成员会见记录中的一些摘要：

我们不能表露出任何感觉，不可以通过我们自己了解到任何信息。

我们不可以说"不"，也不太可能说"不"。哪怕是一个孩子，也会因为说"不"而遭到秘密的严厉处罚。我们都怕毒打。

我们生活在一个精神的监牢里。但又被告知，只要我们严格服从每条规则，精神就会变得非常神圣和高尚。

我们的人性得不到承认，也几乎没有机会了解真理。

如果我们做了所谓错误的事，就得面临残酷和粗野的待遇。

我们内部经常互相指责和发怒。

教主狡猾地贬低了我的真实才能，后来我才意识到这一点。当时我相信，我不能生活在外部世界里，在那里我什么事情也做不了，而且还会痛苦地死掉。

脱离教派意味着脱离家庭和自己理解的一切。

"那你是怎么逃出来的呢？"我问她。

她回答道：

我在夜里悄悄溜了出去，坐在旷野的黑暗之中，有一种和某些真实的东西联系在一起的感觉。

很小的时候，我就一直在读一本杂志。很显然他们也看过了。他们开始发现我的思想和他们不是很一致，结果我被下了最后通牒。

大约就是那个时候，另一个信徒把她痛苦的秘密告诉了我：我们的教主曾经强奸过她。我告诉她我相信她，星期六晚上，这种事情在我身上发生过不止一次。接着，星期天上午，我又会听到他布道，他就像个上帝一样。我难以把这一切和那件事情联系起来。我本来几乎都已经把它给淡忘了。如果不是听到她的遭遇，我是不会想起来的。

通过某种途径，我离开了那个教派，虚幻世界的生活结束了。我的父母和家人对我来说变得遥不可及了，因为，我就是在那个教派里面出生的。

获得重生——

这经历了很长很长时间。这一过程按照其固有的节奏慢慢展开。我也没办法操之过急。学习对我的帮助很大。

我一直不知道我还有些才华，直到我能够回忆起以前的事，并且开始因为别人说我无知而感到很难受。我受到了极大的刺激和打击，自己痛苦地哭了一场。

我几乎不间断地读书。

我开始写作。

我加入了"成人和儿童酗酒治疗协会"，它对我帮助极大。

就像我们看到的一样，一致性联系可以以多种方式出现。控制者们企图通过多种方法来控制他人，比如成为暴徒的一员来对付其他人，和其他人结合起来反对新思想，强迫新的信徒或潜在信徒，或者甚至成为一名教主——最极端的控制者。

控制者似乎有一种做出控制行为的冲动，如果他们自身没有痛苦的话，总是要通过各种方法对其他人施加压力甚至带给他们痛苦。

研究得越深入，我们就会发现控制者出现的地方越来越多。会不会因为他们的需要和数量太大，让人觉得至少在有些情况下，他们的控制行为是正常的呢？

第二十四章

制度化的控制

毫无疑问，一个"共同虚拟"的世界会充满争斗。

控制关系，是现实关系的病态替代物，控制者可以通过多种方式，结合起来对付其他人，如暴徒心理，一致性联系，还有信徒崇拜。

◎ 邪教、恐怖组织、黑社会团体通过将控制关系制度化，牢牢控制其成员

为了寻找压制行为背后隐藏的强制力，我们会研究一些幻觉盛行甚至占统治地位的团体。我们会看到控制关系是怎么被制度化的，甚至在有些地方会被正常化，直到被看作是传统。

黑社会、犯罪同盟、武装统治、敌对团体、邪教，还有恐怖组织，这些都是结合起来与他人为敌的团体中的典型。结合本身就是一种强有力的麻醉剂。那种认为团体成员比其他人优秀的信念促成了他们的联系，加强了结合和彼此的认同，进而提供了一种安全感。

追求这种结合的人，很容易成为教主的"猎物"。教主会利用他们，动员他们，为了自己的目的武装他们：为了获得其他人的资源和劳动，为了维护自己的正当性，同时还可以控制或者消灭其他人。

为了保证自己在争斗中幸存，这些团体要求成员绝对忠诚。哪怕团体行动有悖于他们的最高价值，他们也必须团结在一起。"我只要服从命令"，成员为了表示忠诚，就需要绝对服从。意见一致能够确保这一点。

组织起来与他人为敌的团体，认为自己需要对付的人是低劣的，或者简直不是正常人。当定义其他人时，他们就成了控制者。一些人压迫其他人，并且将他们的"信仰"制度化，这些压迫制度是如此普遍且深入长久，以至于控制者把它们称作"传统"。

◎ 帮派、恐怖组织是一种结合起来对付其他人的团体

帮派成员往往在孩童时期就受到幻觉的控制，并得到逆向的塑造和发展，为了削减孤立感，他们会组成各种帮派。对帮派规则的遵从，又确认和加强了他们的结合和一致性联系。

他们自愿去对付其他人，以显示他们的忠诚和一致性。他们的敌人，往往也是其他帮派的成员。

两个帮派间的差异可能很小，区别只在于帮派成员是不是新移民，或者是住在街道的这一边还是那一边。尽管差异很小，但通过强化"他们是不同的"和"这些人是自己人"，帮派成员建立了互相的联系。

在有些群体里，一旦发现差异和建立帮派之后，这个帮派就会选择自己喜好的色彩。例如，一个帮派可能穿着红色的衣服，另一个则会是绿色的。对其中一个帮派来说，穿着不同色彩衣服的人就是敌人，就是

错误的。这样也易于辨认。帮派成员之间观点是一致的，都认为自己是
正确的。他们的身份通过帮派中的地位得到确认，曾经因被孤立产生的
痛苦和焦虑也得到了暂时的缓解。

帮派就像敌对团体，但是各自的意见很少被清晰地提及。很大程度
上，他们只需要明白一种色彩和另一种色彩的差异。他们的想法和行为
依赖于色彩、地盘和谁拥有什么（他们需要的东西），这些决定了他们
该去对付谁。当任何人转变成他"应该"的那样时，他们就不会去对付
他，比如说，当他成为自己帮派的一员时。

敌对团体结合起来也是为了对付真正的人。他们很像帮派，但是，
通常组织得更好，运行目标和价值观更容易表达。

他们认为你应该怎样，哪怕你只是在某个特别的地方有差异，他们
也会怨恨你。他们的结合就建立在怨恨之中。他们确信自己是正确的，
因为他们意见是一致的。他们认为自己是正直、可接受、高人一等的，
至少他们是亲密的、互相联系在一起（通过逆向方式）的。

就像敌对团体的成员一样，恐怖组织的成员也通过逆向方式跟这个
世界建立联系。当他们发现真实的世界取代了虚构的世界时，除了破坏
的手段，他们不会采取别的方式。由于深深陷入了控制关系和虚幻的世
界，他们更乐意去选择恐怖主义的生活方式，采用恐怖手段进行报复，
甚至杀死他们的"敌人"。

◎ 童工是控制关系走向极端的另外一种表现形式

就像贝蒂对她的女儿那样，无意识和表面上的良性控制关系也会发
展到极端。这会把孩子带到另外一个黑暗区域——强迫真实的孩子转变
成虚构的孩子、想象中的孩子。

这是另外一种对人性的大规模攻击，只要大人结合起来对付无数真实的孩子，这种攻击就会发生。在控制者的思想中，真实的孩子应该被虚构的孩子所代替，那样，他们就会像奴隶一样听话。

你能想象一个小孩从拂晓一直工作到深夜，而且还一直处于饥饿和疲惫的状态，还要小心谨慎，防止挨打，还有可能会被逐出家门，长期在肮脏的住所容身吗？你能想象在一个黑暗的工厂，或在一片炎热的农田里，孩子还能保持活力吗？在那些情况下，孩子的童年就被那些控制者给扼杀了。

控制者们希望能够永远使用童工进行苦役劳动，不会因为他们所做的一切感到恐怖和害怕，因为在他们的虚幻世界里，这些孩子是低劣的，只配做这些事情。他们并不是憎恨孩子，只不过不愿意把孩子当作正常的人来看待。

数以百万计的孩子被强迫从事苦役劳动，在恶劣的环境中工作很长的时间。他们被当作商品一样卖来卖去，还会遭到毒打，甚至会被强奸。

有时候，他们会被洗脑，被迫相信从事这种劳动只是他们走向成人的一个基本步骤。类似的情况是，在非洲的奴隶制时代，奴隶主告诉奴隶要为自己的处境感到高兴，因为这是上帝的安排，上帝已经给他们安排好了社会角色。

正在被奴役的那些孩子，往往在三四岁的时候就被迫开始从事劳动了。他们当中，大约有一半孩子的年龄是小于10岁的。这种情况可能出现在任何地方，只要那里的控制者非常懦弱——如果没有孩子的支持，他们都不能依靠自己的双手来生活。可以说，幻觉助长了他们的贪婪。

测测你与朋友之间的控制状况

下面的测试，从三种情景测查你与朋友之间的控制状况。请根据你的实际情况回答，并参照书后的解释，加深对自己的了解。

晓宁为准备明天的公务员考试，打算在家里"禁闭"一天。好友大伟打来电话，说几个朋友约好在海鲜酒楼撮一顿，要晓宁一起去。如果你是晓宁，面对考试和聚会，你会：

A　认为自己的事情更重要，给大伟说明情况，决定不去。

B　虽然没去，但总担心朋友们会扫兴。

C　答应去，但有些不情愿。

D　左右为难，最后还是去了。

E　一定要去，否则朋友们会不高兴。

小刘花钱没计划，经常向朋友借钱，而且这方面记性很差，常常忘记还钱。如果有一天小刘找你借钱，你会：

A　借给他，让他打欠条。

B　借给他，提醒他按时还。

C 借给了他，但一直担心他不还。

D 没借给他，事后又担心得罪他。

E 碍于情面，勉强借给了他。

你的一个朋友整日痴迷于网上聊天，你会：

A 严肃地批评他。

B 委婉地劝阻他。

C 偶尔提醒他一下。

D 丝毫不去干涉。

E 受朋友的影响，自己也去网聊了。

以上选项A、B、C、D、E所代表的分值分别为：4、3、2、1、0。请算出你的得分。书的最后一章中，专家会给你一些建议。

第四部分

摆脱控制

不管是谁，
大多数有控制欲的人，
一旦清醒都万分震惊。
但他们发现，
即使他们很想改变，
即使他们想维护关系，
渴望摆脱束缚，
但真要摆脱幻觉的控制太困难了。
到底是什么在阻止他们？

第二十五章 | 追求强制性力量是为了寻求社会认可

> 强制性力量如此有力，如此坚定，如此持久，不
> 容忽视。因为它是人类意识的本身。

谁都希望摆脱贫穷和压迫，渴望更高的精神享受、更稳定的家庭、
更安全的街区以及更健康的环境。与此同时，我们的内心是否还处在一
团迷雾中——不知道是什么导致了混乱？

虽然我们对暴力、虐待、崇拜、黑社会做出了无数解释，但似乎还
不清楚它们发生的根本原因，也就是说，我们不明白本质是什么。大多
数人追求完美，但事实上，这种所谓的完美，并没有创造我们期待的世
界。事实使我认为，这里有一种我们看不见又没有重视的力量。

如果我们能认识到这种力量的存在，我相信我们一定能够创造出一
个更加和平安宁的世界。

当然，因为被幻觉控制，那些企图压制别人的人并不理解是什么促
使他们这样做。当抱怨他人的做法不再奏效时，他们也清醒地认识到自
己的压制行为，这时他们会不知所措，于是本能的反应就是为自己辩解。

我知道，我的窘迫状况完全是咎由自取。很长时间以来，我一直认为，只要她这么做（不这么做），我就不会一错再错……

——G.L.

如前面碰到的乔一样，G.L.意识到他的压制行为已破坏了自己的生活，但他十分困惑，和乔的想法一样，他想知道："是什么让我这么干的？"

如果真的存在强制性力量，那么，它是什么？

◎ 只要活着，你就是社会动物，与人交往实在是太重要了

我们熟悉一些力量，它们就像能量一样在我们体内涌动。

比如，创造力量、情感力量和社会力量。

因为我们自身具有创造性和情感，所以我们是社会动物。让我们简单地探讨一下这些力量。

首先是创造力量。我们需要体验创造行为，我们感到有一种力量促使我们发挥创造力，从神秘小说到宇宙飞船，从手工贺卡到科学、艺术、制度以及家庭，给这个世界带来一切。创造力量促使我们进行创造。我们有意识地运用这种力量，尽情发挥灵感，并把我们的梦想变为现实。

但有时这种力量也会适得其反。为什么像这样一种伟大的力量——它来自人的内心，给生活带来创造与活力——还会走向分裂和分解呢？我们之后会找到答案。再让我们看看另外两种力量——情感力量和社会力量。

像创造力量一样，情感力量也会具有压制性。当我们失去什么的时

候，我们悲伤；当战胜逆境的时候，我们欣喜若狂，并且充满激情地继续奋斗。情感赋予我们力量，影响我们的选择，使我们的生活变得有意义。情感促使我们决定维护正义、反抗压迫、解决难题。情感使我们的生活丰富多彩，让我们对人类有了更深层次的理解。但情感力量也会走向反面。这样一种伟大的力量，来自人的内心，给生活带来极大的创造和活力，有时也会走向冷漠、敌意和憎恨。

最后，来看看社会力量。我们是社会人：在人类历史的早期，我们在社会环境下参加社会活动；在那些遥远的岁月里，我们组成部落以抵御自然界的侵袭；今天，我们建立组织、制定规则，以提高我们的生活质量。

有一种力量驱使我们与其他人接近。一个婴儿不与其他人接触，即使吃得饱穿得暖，也活不下来。如果没有别人的帮助，无法自理的孩子是不能生存下来的，所以，与人交往是多么重要啊！

但是，极端的冷漠、孤僻和偏执，会使这种力量丧失作用。

如果有的人去破坏而不是在创造，暴跳如雷而不是去思考，与别人格格不入而不是主动交往。很明显，一旦强制力量落到了他们的头上，不经意间，就击败了创造力量、情感力量与社会力量的正面效应。

正如我们是具有创造力、情感和社会属性的人一样，我们也有联系性。并且，正如我们在力量的驱使下体验创造性、情感和社会本质一样，我们也同样在力量的驱使下，体验着内在联系。

很明显，强制力量就是人类意识本身，在这种意识的影响下，人们渴求真知，寻求体验与内在自身的联系，对我们的日常生活产生着深刻的影响。

这种需要十分强烈，因此那些无法体验到与自身联系的人，只好臆造出一些联系，制造出一些不存在的人，想象出一个虚幻的世界，以此满足这种需要。

控制关系不是理智的产物，也不是真正的联系，只会把别人吓跑。

现在，让我们看看那些追求强制性力量的人，是怎样寻求联系的。

◎ 人际交往中，如果人为制造联系，后果是可怕的

当处于自我分裂的状况时，不管是因为受到伤害、家庭原因、文化影响、吸毒，还是别的什么，他都已经失控了。

但是，在某种力量的驱使下，每个人都需要感受联系的存在，既要感受与自身内在的联系，也要感觉到和他人的联系。这时，他就会沉浸在幻想中，然后把幻想强加到真实人的头上，以为这样可以满足自己的需要。恰恰相反，他们努力保护着自己幻想出来的联系，结果就成了控制者。

在人际交往中，控制者努力维护自己的幻想，这往往导致口头或身体上的虐待、背叛、暴力，有时甚至造成谋杀。这样制造联系，结果当然是可怕的。

因为无知，控制者把被控制者抓在手中，决定着被控制者的一切，就好像他们洞悉了被控制者的内心世界一样。控制者不知道强制力量的存在，也不知道什么是真正的联系，于是他们不断感到自己受到了威胁，似乎被控制者要离他们而去。因为要维护自己的"地位"，他们常常恶语伤人。成千上万的人对我说，这种口头上的伤害比身体上的伤害更厉害。

- "你总是想逃脱责任。"
- "你总是自以为是。"

- "你不知道什么时候见好就收。"
- "你总喜欢这么干。"

当控制者这样干扰别人的生活时，他们以为联系建立起来了，对自己的行为还非常得意，因此，他们不会注意到别人正在离去，也意识不到自己行为的影响。

无论是批判或反对一个小小的选择、一个小念头、一个观点，或是对别人的一种感觉，控制者不管明白不明白，都想插上一手，这就是分裂过程的开始。

如果控制者成功地对某个人下了定义，那个人至少会失去自我感觉，进而失去一些自由。如果人们依据别人的评价，而不是自己的体验做出选择，他们就会在生活中处处碰壁。当人们失去了自我感觉，别人的闲言碎语就开始塑造他的自我认知——"我想我过于敏感了。我到底哪里出了问题？"

当幻觉发挥作用时，有着良好目的的人常常不知道是什么控制了他们，那些被控制者也是一样。在两个人的交往过程中，强制行为的结果是令人恐惧的。由此看来，给别人随意下定义与炸毁大厦是一回事儿，这种压迫行为来自控制者的非理智行为，虽然控制者只是想建立某种联系。

◎ 追求强制性力量，其实是一种寻求社会认可的需要

被控制者期望别人的理解，内心充满了惶恐与震惊，压力使伤害越来越复杂，常常让他们痛苦不堪。

没有人愿意别人给自己随便下定义，可是，被控制者不知道控制的

本质，不知道控制关系背后的强制力量，他们常常会把生命耗在改变控制者这件事情上，或是努力去证明自己并不像控制者说的那样，反对别人对自己的胡乱评价。

例如，一位女士在工作中受到了不公正的待遇。但她会继续在那里工作，认为这样做或许可以得到尊重，证明她不该受到这样的待遇。直到她再也不能忍受这种非人待遇时，她才离开。可到了那时，没有人相信她曾经遭受过不公正的待遇。即使她确实受到过，人们也会问："怎么可能忍这么久？"

这些努力本身并不能打破幻觉。事实上，被控制者越是可靠、有力，控制者越感到受到威胁，于是，他们便加紧对被控制者的压制。

很明显，控制并不仅仅是让某人做某事。控制意味着一种着了魔似的斗争，控制者力图避免飘忽不定的自我感觉——就是日常生活中的自我分裂感。那些碰上控制者的人常常感到很惊异，他们不知道对方为什么想控制他们；同样，控制者发现自己生活在虚幻中，被逆向关系所包围时，也会感到惊异。

最极端的情况是，控制者会试图消灭这个世界上与他的想法不合的一切。希特勒就是一个极端的例子。在他小的时候，可怕的虐待使他早早地自我分裂。

控制者制造出一个虚幻的世界，一个整齐划一的世界，并且把这个虚幻的世界强加到别人的头上，这时，他们就可以对很多人施加压力了，想当年，希特勒就是这么做的——他引爆了一场战争。

有的人有时被幻觉控制，而有时却可以保持清醒（他们不走极端）。当他们遇到了不同寻常的压力，或是因为身体不适而痛苦不堪的时候，会突然失控。如果不能把握自己，他们会力图去控制别人。但是因为他们在幻觉中陷得不是很深，所以一经提醒，他们就会意识到自己行为的错误性。他们会道歉，并且寻求帮助。有时只需要一个提醒，就能让他们知道幻觉正在降临。

了解了强制性力量，明白它是一种寻求联系的需要，那么我们就向那些执迷不悟的人提供了一个机会，让他们能够清醒过来，结束自己的幻想。

| 第二十六章 |　　　　　　　　**真实的联系才是美好的**

简单说，觉得自己并不孤立，就意味着把自己看成整个世界中一个有意义的部分。

我们生活的社会以一种神秘而真实的方式相互联系，明白这一点十分关键。

以自己的仁爱与他人联系，与周围的世界息息相通，我们就可以成为自然的一部分。认识到这一点，有助于控制者抛弃控制关系。

即使他们感到茫然，处于自我分裂的状态，只要明白自己实际上并不孤立，他们的焦虑和恐惧就会得到缓解。

同样，这样的认识也有助于被控制者勇敢面对精神上的侵害：我有权利存在，我是宇宙的一部分，我不能被抹杀。如果我们想彻底了解控制的本质，就必须搞清楚正常的联系方式。

◎ 人与人之间正常的联系，是一种心灵上的联系

人与人之间需要心灵上的交流，这种心灵的交流，来自我们已有的

联系。即使是两岁大的小孩子，都已经体验过这种联系了——除非他们失控。

大家虽然可以从一些通俗文献中看到这种内在联系，从系统理论到迪派克·考普瑞的作品，对我们可能都有影响，但大家可能意识不到忽视这种联系造成的严重后果。

我曾经与许多人交流，他们非常想放弃自己的幻想，学会与别人坦诚相交，特别是希望与那些特别的人搞好关系。虽然恐惧和失败的经历给他们带来了许多障碍，但至少，他们感觉到了自己的内在联系，这有助于他们放弃控制关系，不再试图控制别人，乐观地面对未来。

当控制者正视自己的恐惧和感觉，就能够开始与自己的内心进行沟通，此时，他明白了自己的体会，清楚自己的感觉、知觉、直觉，能够对它们进行评估，并将其融合在一起。此刻，再也没有必要去幻想什么了。

◎ 尽力挖掘你天生的和谐感，它有助于防止人格分裂

当我们探索人类精神及宇宙时，能感受到客观世界给予我们的帮助，它的恩泽遍及我们每一个细胞。让我们想想那个毅然出走的女士："我……坐在自然界的黑暗中，一种与真实之物相融合的感觉油然而生。"

建立控制关系，共同反对他人的现象非常普遍，最后的结果就是取代我们的联系感。

让我们找找有什么办法能解决这个问题，重新意识到我们的相互联系。

最普遍的方法之一，就是发掘我们天生的和谐感。

越来越多的人认为，所谓和谐感就是把世界看成一个真实的整体，

人与世界和谐共处。著名心理学家亚伯拉罕·马斯洛描述了很多种不同的感觉。压制者认为，一旦他们有了这种感觉，对世界的看法就改变了，感觉与世界融为一体，体会到人与世界的和谐。

我问过我的4个朋友："你有没有过这样的感觉，觉得自己与世界融为一体？"他们都毫不犹豫地回答："有。"有个人还经常有这样的感觉。

他们的体会大同小异，但都十分深刻——他们感到深深的安宁、平静和永恒，更重要的是感到安全。

不同的传统用不同的方式来描述这种感觉：片刻的宁静、变化的体验、顿悟等等。

很多人发现记日记——每天花上几分钟写下自己的内心感受——有助于增强与这个世界的和谐感。或许这种方法十分重要，提倡者说，它特别有助于防止自我分裂。

◎ 人人都是真实世界的一分子，生存在一个和谐的生态系统里

近年来，环保运动使我们明白，我们与这个世界的生态系统密切相关。我们吃下一块肉，就等于把环境的一部分融入了自身。物理学家大卫·波恩写道：

在植物的成长过程中，它们与周围的环境保持着物质与能量的交换，难道我们能说生与死有什么明显的区别吗？

很明显，一个二氧化碳分子，穿过细胞壁进入植物的叶子，它不会马上被"激活"，一个氧气分子被排放到空气中，也不会马上"死去"。在某种意义上，生命本身就可以被看作是一个整体。

在量子物理学出现以前的很多年里，人们相信宇宙就像是一部机器——由相互独立的部分组成，像机器一样运转。这种观点在一定程度上对我们有利。比如，在这种观点的帮助下，可以计算出火箭和卫星的轨道。

但是，20世纪初期，这种观点出现了问题，量子物理学的发展为我们认识世界提供了全新的视角。

量子物理学告诉我们，我们是由一些细微的物质组成的，这些物质微乎其微，肉眼无法看见，它们相互联系，相互影响。我们所说的物质只是一种空间，生命的起源是不可见的——只能通过观察结果来证明这些物质的存在。这就是量子——物质的核心。

我们能够考察物理世界中的量子现象，也可以考察每个内在无形的个性。这种观点认为世界上有两种无形的物质都处在我们所说的意识之中。

系统理论随着量子物理学的发展而发展。这种科学告诉我们，这个世界是由不可见的物质组成的。这些不可见的物质为这个世界创造着秩序。

第二十七章　　　　　　　　　　　　　　　**最奇怪的矛盾**

> 自由赋予我们个性，让我们定义自己，创造价值，每个人自由选择的权力是神圣的。

◎ 我们是世界的一部分，但我们又与众不同

实际上，我们与世界既有区别，又有联系。让我们仔细体会体会，是否能够摆脱压制，获得自由，可能取决于我们是否懂得这一点。

听起来似乎有些矛盾，当我们体会到自己的内在联系，就能够体会到我们的不同之处。内在联系就是我们特有的联系，而相互联系，是我们与外界之间的联系。

我们已经见过那些对自己内在联系一无所知的人，至少从理智上说，你会发现他们好像都变成了别人：我就是你——我很清楚你，我知道你在想什么，想要干什么。

宗教和科学，不仅仅让我们看见了隐蔽的事实，相互联系，还引导我们明白自己的不同之处。比如，宗教不仅告诉大家，人与人之间是相

互联系的，还指出我们都是具有个性的个体，我们都要为自己负责。科学不仅指出我们都是相互联系的——观察行为影响观察对象——而且观察者本人也是一个独立的个人。

理解分裂和联系这对矛盾的另一种方法，就是搞清楚：在一定意义上，你与自然相互区别（你可以观察自然）；在另一种意义上，你是自然的一部分（你来自自然）。

即使是人类的集体行为，也可以看出，其既有区别又有联系。当一个人感到与周围的世界和谐统一的同时，他也会明白自己是一个与众不同的个体。

我们在日常生活中是完全独立自主的，会谈论自己的感受，并会停留在自己的记忆中。我们不可能失去个性，如果失去了个性，就不会有自我的特殊感觉，也不会有什么特殊的记忆。

既有区别又有联系，这是一个具有特殊意义的事实，明白这一点有助于避免逆向联系的需要。

有一位女士和女儿建立起了逆向联系："你并不想那么干。""你都不知道你在说什么。""你不是那么想的。""你什么也不是。"30多年来，女儿一直在试图引起母亲的注意。但是她的母亲，我称她为薇，只和假想中的女儿打交道。

我和薇谈话以后，她参加了我的一个研究小组，慢慢发现自己对待女儿的方式变得理智多了。一旦薇懂得她自以为知道的一切其实并非如此，只不过是一些虚幻的念头，就明白了女儿是有自己个性特点的，最重要的是，她和女儿血脉相连，她们在精神上是相通的。她完全清楚了自己的所作所为。

意识到自己曾经试图控制女儿，她感到十分震惊。

薇放弃了假想的女儿。尽管内心承受着痛苦，她还是勇敢地面对自己的内在联系，面对自己的内心感受，她逐渐与自己建立了牢固的联系。她不再失控，她可以将自己与女儿区别对待。她会把女儿当作一个有个性特点的人。

薇取得了不小的进步，甚至可以让自己的女儿随时提醒自己，防止自己再次陷入逆向联系之中。女儿对薇的幻觉保持警惕，一旦发现，马上告诉自己的母亲。最后，薇胜利了。

◎ 两个人如果毫无区别，他们之间不可能存在交流，因为这样的交流是毫无意义的

我们可以在很多方面找到自己的不同之处。例如，我们有自己的精神边界，有选择的自由，可以自己评价自己，有自己的个性特点。

现在，让我们简单看一下联系中的独特之处。

像细胞一样，每一个人都是相互独立的，都是整体中的一部分。事实上，我们的精神边界不仅将我们区分开来，也使别人可以与自己交往。当两个人相互交流的时候，如果两个人之间毫无区别，这种交流就没有任何意义。

恋爱过程中，如果不把交往对象看成有个性的人，他们就不可能相爱。例如，一个打老婆的人说"我太爱她了才打的"，他不是在说"她"，而是在指泰迪（一个假想的爱人）。在这种情况下，泰迪取代了真实的人，被打的却是真正的人。

幻觉，包括前面提到的"泰迪幻觉"，帮助我们了解了控制关系，明白什么可能成为控制者幻想的对象。它使我们理解，控制者的行为为

什么变得不合情理，为什么控制别人，为什么不能理解和尊重别人的个性，以及为什么无论抱有什么目的，他们都要受强制力量的驱使。

◎ 没有自由，认知能力就会减退

对区别与联系这对矛盾的探索，给我们带来了巨大的收益。这个收益在于：从探索中，我们不仅可以学会如何解释这一矛盾，还会搞清楚什么是控制行为的对立面。我们的收益就是自由。

自由，像意识一样来自宇宙，像上帝一样降临到这个世界，来到我们中间。自由使我们所有人联合在一起。在这个意义上说，我们的区别与联系都统一于自由之上。自由既属于个人也属于大家。我们做出选择的时候，自由就在每个人的身上。当我们享受自由，探索宇宙的时候，都肯定了自己独立的个性。

选择能力是我们最基本的自由。当我们给自己下定义的时候，就开始了选择。当我们追求生活意义的时候，也是在选择。

越清楚自己的为人，越留心日常生活，就越能增强自由的力量——选择的能力。自由依赖清醒的头脑。如果我们头脑迷糊，就不能得到自由。

别人对你说三道四时，常常会让你头脑迷糊。控制者的迷惑带来了逆向联系，而强制行为又导致了新的困惑。当别人对我们下定义的时候，我们的自由受到了侵害，这是因为我们的意识受到了干扰。

认知与自由之间存在着必然的联系。没有自由，认知能力就会减退。没有清醒的认识，自由也不长久。如果我们失去了选择的自由，生活就会变得没有意义。生活没有了意义，剩下的只有绝望。

进一步看，侵害自由的行为既否定了自由的普遍性（联系），也否定了自由的特殊表现（区别）。

| 第二十八章 | 首先，要打破幻觉 |

> 只有记住自己是如何为幻觉所控制，方可打破
> 幻觉。

如果把强制力想象为一条小河，水流湍急但不算很深，逆流而上的人越多，形成的漩涡也越多。如果100个人一起逆流而上，甚至会形成一个水坝，它即将坍塌，这些人即将被淹没，就像一场战争会影响到每个人，当然也包括引起战争的人。

如果人们以逆向方式结合在一起，他们就是在抵抗这股强制力。在这种情况下，这种强制力就是一种人类试图理解并感受自身联系的意志力。

从精神痛苦、情感痛苦到家庭、街道及乡村里的某种争斗，我们的问题（不同于干旱、疾病和其他自然灾害）无处不在。漫骂、殴打、跟踪、烦恼、犯罪、帮派暴力、专制、恐怖主义和侵略，这些都是着了魔的人试图控制他人做出的种种恶行。

◎ 只要愿意，压制者是可以摆脱幻觉控制的

弥漫在千百万人生活中的痛苦和混乱，向我们传达着某种信息。烧伤引起的肉体疼痛告诉我们身体的什么地方出了问题，同样，漂浮在整个世界中的精神痛苦也在向我们诉说。不管它采取什么形式，都有一个标志，标志着控制者忘记了——什么是真的、什么不是真的，什么是伪装的、什么不是伪装的，他们是谁、他们不是谁。

而如果他们愿意，被幻觉控制的人是可以看清幻觉的目的，记起自己是如何受幻觉控制的。这么一来，他们就会从梦境中苏醒过来。勇敢地面对自己的个性，并相信自己的真实联系，可以具备独立自主、不受外人左右的能力。如果他们接受互相联系以及真实个性，就可以使先前好像不可能的事情成为可能。他们可以打破幻觉对自己的影响，还可以让别人也清醒过来。

勇气使受制于幻觉的人能建立并保持与自己的内在联系，强化与别人的相互联系，无论多么害怕，他们都会追求事情的真相。

有意打破幻觉人的目标在于，更加警惕幻觉的影响，唤醒受制于幻觉的压制者，引起他们对这个问题的注意，并且教育那些与他人建立起逆向关系的人，这样，受制于幻觉的人就可以放弃无意识的控制行为，走向有意识的、互利互惠的行为。

有一种新的观点认为，现代社会，孤立地生活变得越来越困难了。孤立生活并不可取，建立逆向关系也不是什么好主意。那些可以唤醒被幻觉控制的人的方法，被越来越多的被控制者所采用，用以抵制压制性行为。

◎ 随着越来越多被控制者的觉醒，控制者不得不尝试打破幻觉

控制者正在意识到，当受幻觉影响的时候，他们的所得恰恰与初衷相反。当他们看清了幻觉的真面目时，就想摆脱它的控制。他们不想让自己的生活陷在虚幻之中。

控制者注意到：

- 在打击别人的同时，相信自己所显示出的不是自卑感，而是自己的优越感。
- 在反对别人意见和建议的同时，相信自己所表现出的不是无知，而是自己的聪明才智。
- 给别人下定义的同时，相信自己非但没有与别人疏远，反而与别人走得更近了。
- 对别人发号施令时，相信自己并没有显露出对独立的恐惧，反而显示了自己的无所畏惧。

这些恰恰都是相反的！

被控制者注意到，当压制者处于失控状态，或是知道要反对谁的时候，行为就会变得不理智：他们玩起了"伪装"游戏。

日常生活中，越来越多的被控制者注意到了耳边的胡言乱语。当有人给他们下定义的时候，他们不再辩解，也不再问自己"我做错了什么"，相反，他们问"谁在制造谣言"。

让我们看看控制者是如何缺乏理智的：

- 你以为我什么都不知道。
- 你在找麻烦。
- 你希望我被卡车撞死！

最后一句荒谬的言论，是一位控制者昨天说出来的。

这些显然是"愚蠢的谈话"，从前，会让被控制者耗费无数时间争论，被控制者试图使伪装者停止伪装，停止编造他们的所想、所需、所言、所愿等等。

现在，越来越多的被控制者认识到，对于那些不相信真实个人的人来说，争论和解释都是白费力气。这些给他们下定义的言论，要么是用来解释对孤立的恐惧和愤怒，要么就是企图让虚构的人取代真实的人。

总的说来，摆脱控制的人对无稽之谈的反应就是一句话："什么？"我第一次说这句话的时候，我认为它不会产生什么实际效果。我确信自己可以提出一些真正明智的方法，但是随着时间的流逝，我意识到这一反应是非常有效的。我没有陷入自我辩解的陷阱，而且许多理由可以证明"什么"这句话是有用的。

◎ 一个打破幻觉简单而有效的方法

通过说"什么"，成功摆脱控制的人就不会给控制者留下这样的印象，即他们所虚构的世界是真实的。事实上，他们一旦明白那种不理智的行为是幻觉的标志，就不会再这么做了。

当成功摆脱控制的人通过说"什么"对胡言乱语做出反应时，控制者通常还会说一些无意义的话。为了更有效，被控制者可以再一次说"什么"。

如果有人对你指手画脚，告诉你应该做什么，你是什么，曾经如何如何，而你说了"什么"，这时就会发生以下几种好的情况：

- 你"不听"胡言乱语，因此你就不会把胡言乱语放在心上，就不会对它感到好奇而试着去搞清楚，或者去解释为什么事实并非如此。
- 通过说"什么"，你就不会被指责打断了别人的谈话。毕竟，你只是想得到澄清而已，如果说话的人说的没有道理，那么只有他们有责任去解释澄清。
- 刚才对你说话的人有机会去思考，"我刚才说什么了"，他们可能放弃这些无意义的话题而转向有意义的谈话。
- 企图给你下定义的人发现，你是个不好随便被定义的人。
- 给你下定义的那些人有机会从幻觉中醒悟过来。

如果你提了一个问题没有得到合适的回答，你只要重复你的问题即可。

有一对夫妻想努力打破幻觉，我让他们合力打破它。我经常建议他们选择一个固定时间进行一些有益的谈话——一个约会，每次半小时，每周两到三次。

下面是一些方法论：

- 如果一个人听到别人在给他下定义，他只说"什么"，就给了那个说话的人一个机会，让他反思自己的话并做出恰当的反应，说出合适的话，比如说"我不知道我为什么会那么说"，或者"其实，我的意思是……"
- 谈话的双方都愿意倾听对方，愿意相互回应，愿意用和善与理解的方式对待对方。

- 严肃的幻觉打破者把录音机打开，放在桌子上，这样他们就能够重新检查自己的话，以防忘记自我。

打破控制关系对某些人来说可能是一项简单的任务，但是对长期控制者来说，达到自主是非常困难的。独立的自由、记住自己的自由、发展他们内在联系的自由以及放弃"泰迪"的自由，这些自由，对控制者来说就像死亡一样。如果都是独立的，我将身在何处？我会和什么有关系呢？另一方面，对被控制者来说，仅仅说句"什么"都是不容易的。

除非被控制者完全明白控制关系和隐藏在背后的强制力，否则他们通常都想为自己辩解——"我不是那么想的"或是"我不是那个意思"等等。他们非常想受到别人的关注与理解，而这些人在当时恰恰是无法理解他们的。

我曾经努力想搞清楚的难题之一就是，她说话的时候，为什么我会视而不见，充耳不闻呢？

——V.C.，亚利桑那

◎ 抓住幻觉的根源，就可以阻止它

简和杰约会已经快一年了，简给我打电话，讨论如何使杰从幻觉中清醒。杰是一个有趣的家伙，在工作中很受人尊敬，他的同事都给了他很高的评价。但是他开始一个劲儿对简说些荒诞的话。简想成为一位打破幻觉的人，她希望唤醒他，使他摆脱幻觉的束缚。

"他说了些什么？"我问道。

"比如，"她说，"我们去一个挺不错的饭馆吃晚饭，我点了自己最爱吃的饭菜，他就会说'你的品位挺差的'。我被弄得目瞪口呆，不知道该说些什么。我该怎么对待这类行为呢？他说了很多类似的话。"

我认为简有许多机会说"什么"，我想知道杰是否能碰到乔，就是以前我在比萨和面条案例中遇到的那位。为了使简可以改变杰的行为，并且给他一个醒悟的机会，我给简提了一个建议。

这样好不好？下次你见到他时，能不能这样对他说："不知道为什么，我也不知道该怎么形容，反正有时候我听你说话，会觉得你好像把你自己当成了我。你是不是有时候感到你就是我？"

如果你愿意按我的意见去做，并且确实对他这么说，他很可能会说"你的话听起来很荒唐"，或者说"你在说什么"，这时候你就可以说"我很难说清楚，不过以后我还有这种感受的时候，我只问'什么'，直到我搞清楚出了什么事为止"。

他很可能并不介意，甚至对你的话充耳不闻。

简尝试了这种方法。杰渐渐注意到自己一些不正常的行为。

玛丽和迈克在恋爱时相处非常好。可是，结婚后，迈克就开始受幻觉的影响。比如，玛丽问迈克对她在工作中遇到的问题有何建议，迈克会生气地说："我打电话的时候就已经说了我的想法，你当时就是不听。"

玛丽神智清楚，精神并没有失常。她告诉他自己的工作问题以后，他们一直没有交流过对此事的看法。而且玛丽知道，他在电话里也没有提到这个问题。（当然只有他"梦中的女人"才会知道他在想什么。）

她没有怀疑自己，但是她还是不知道如何应对这些无意识的行为。她想说"你在撒谎"，或者"那是你的幻觉"，但是她知道，挑明一切和争吵都不是正确的反应方式。

她想告诉他这么做没什么好结果。但他总是有办法对她的话置之不理，总是有办法毫不留情地与她争执，以至于他俩连和解的机会都没有。这类事情发生得越来越频繁，最后她强行抑制自己的感觉，咽下苦楚，并且一句话也不想说了。

通过我们的交谈，玛丽开始明白问题的核心可能是：迈克已经用假想人代替了玛丽在他心中的形象。她明白，他的泰迪是永远不会问他在想什么的，泰迪会知道他的心思！（难怪他生气，玛丽正表现出独立的倾向。）

玛丽也意识到，当迈克告诉她"你就是不听"的时候，他就好像是她本人一样，那时他正处在无意识的状态中。玛丽决定不理睬这些胡话，结果，"什么"就成为她的回答。迈克逐步从控制住他的幻觉中醒悟过来。他得到了帮助，开始好转了。

◎ 解决有些控制行为只能借助外界的力量，包括法律手段

就在我写下"好转"一词的时候，我接到了一个来自东海岸的电话，这个电话提醒我最好指明何时不能说"什么"，有时说"什么"也不是最好的选择。

结婚27年的Ａ女士，说她读过我写的有关口头辱骂的书，她丈夫对她下了很多富有攻击性的定义，用各种不同的词来骂她。事情变得越来越坏，而且近来事态已经变得非常可怕了。她想趁孩子在家的时候解决这个问题。

"什么骂名？"

"都是很难听的。"

我明显地感觉到她不是在谈论一般的幻觉控制者。

"他打过你吗？"我问。

"是的，不过我对医生说，我的伤是因为其他原因造成的，但我可以改变说法。"她回答道。

"这才是正确的选择。他有收入吗？"

"有，但他已经25年没交过税了。"

"他有武器吗？"

"他买了件攻击性武器，还扬言如果我离开的话，就杀了我。"

"噢！你身边的那个人不是你丈夫，他是一个罪犯。"

对以下这些人不要说"什么"：

- 威胁你生命的人

- 没有明显理由而撒谎的人

- 愤怒的人

- 跟踪你的人

- 陌生人

我对那位打电话的Ａ女士说，她最好的出路就是：（1）找一个庇护所（对女性和男性都提供帮助的），（2）找一个律师，（3）找一个警察（在任何危急关头）。

当有人一会儿指东，然后又说自己刚刚是指着西边的时候，他们就会体会到虚幻的气氛。他们觉得心在下沉，感到忧虑。他们体内的"雷达"认出了这个幻觉，并且敲响警钟，警告他们：被幻觉控制的人来了。

当成功摆脱控制的人高呼打破控制关系时，他们是带着勇气这样做的。在某些工作场合，他们会因为摆脱控制关系被威胁、降职、折磨，甚至解雇。

◎ 打破幻觉的战略

- 认识自己内心世界的真实性。
- 警惕对精神边界的侵犯，无论是别人对你的侵犯还是你对别人的侵犯。
- 对无意识的胡言乱语不予理睬。
- 把你的生活建立在真实世界之上。
- 保护你的孩子。
- 大胆高呼打破幻觉。
- 如果有人给你下定义，你就说：

    "什么？"

    "你说什么？"

如果你被定义、烦扰，或者工作上被降了职，就把它写下来。当你拿出笔记本和笔的时候，你可以问打破幻觉的问题："你说什么？你有时间吗？你的名字怎么写？"

如果幻觉不能被打破，如果你和一个受制于幻觉而不能自拔的人在一起，你的精神而不是你的肉体是否还能存在，就取决于你能不能摆脱幻觉了。

受制于幻觉的人可能会出现在收音机和电视里，他们给别人下定义，并且长篇大论地反对不喜欢他们的人。打破幻觉的人会改变电台或电视的频道。如果这样做的人足够多，那么受制于幻觉的人就会没有听众和观众，而且幻觉不再会增强，而是越来越弱。

告诉一个被另一个小孩或成人下过定义的孩子："他（她）刚才对你说的不是真的，都是假装的。"这就是在打破幻觉。

通过教给他们什么是假的和什么是真的，父母、老师和所有影响他人的人都可能成为打破幻觉的人。当他们看到有人受歧视、被欺负或受到侵扰的时候，可能会谈论到勇气和英雄主义，这使得他们团结一致而不是彼此拆台。

教育孩子侵犯边界就是侵犯生命，这对孩子是有好处的。比如，我们对别人的认识是有限的："你说你的朋友是个笨蛋，只是在假装对她的智力了如指掌。你是不是想说明，自己对某些事很生气呢？"

事实上，我相信，如果我们中有足够多的人看清问题的真相，幻觉就会如同阳光下的阴影一样无所遁形。

许多长期热衷于控制行为的人都说，与我接触他们感到受到了压制，他们想停止与我接触。尽管他们对到底改变什么知道得不多，尽管他们也不知道为什么当真的想停止控制别人的时候却发现很难放弃，但他们还是想有所改变。他们相信这种变化是可能的。这个信息表明，有些时候，有控制关系似乎比没有关系还好些，控制者明白其实有一种更好的接触方式——没什么强制性，又能让对方特别满意。

他们希望在这个世界上能为子孙后代留下一片更美好的净土，于是他们有了改变自己的勇气，因为他们已经认识到，如果他们逃避，生活将变得更加艰难。

我希望我们这一代为它画上句号，我渴望那一刻的感觉，那一刻我焕然一新——那一刻我摆脱了控制。

——L.N.，华盛顿

| **明白问题的根源**

> 像你这样的人如果不想变化，这个世界将不会发
> 生任何变化。

不经意间，你也许会发现自己已经着了魔，这时，你会自以为知道其他人的现实。

即使在这种情况下，只要你有决心，就能免于幻觉的控制。尽管幻觉的力量十分强大，可它仅仅是一种影响而已。一旦你了解它，就能削弱它的力量。

另一方面，假如你听到定论性陈述，此时，有关幻觉方面的知识，以及人们是如何忘乎所以的情形，就会告诉我们事实并非如此。定论性陈述仅仅是一种幻觉而已。当控制者无法控制自己时，也无法弄清事情的真相。

◎ 亡羊补牢，犹未为晚

有许多控制者一方面想改变自己，另一方面仍然受到诸多因素的影

响，这些因素包括：文化传统、逆向认知、迷失自我、人格分裂等等。在这些因素的影响下，他们一般会在自己有生之年坚持原有的生活方式，也就是说，他们会像以前一样受幻觉的控制，坚持他们所虚构的形象，并像以前一样，将假想人固定在别人身上。

控制者与虚构的人，联系无限密切，因此，他们不需要与现实中的人保持亲密的关系。事实上，有些控制者明确表态，他们并不希望有任何变化。有些人在自己的办公室里贴这样的纸条："永不改变"。这让他意识不到自己正在受幻觉的控制，促使他保持固执的念头。

当控制者看到自己言行造成了严重后果，或者对他人造成了伤害，而这不是他们的初衷时，他们就会竭尽全力，打破附着在他们身上的幻觉。

需要多长时间才能改变自我呢？改变它，我能做些什么呢？你了解那些已经成功改变自我的人吗？我怎么能确保这种变化呢？

——M.L.，纽约

为了打破幻觉，控制者必须面对分离的恐惧，及从外向内逆向建立的"完美"形象的破灭。让我们看看，幻觉是如何在意识的指导下解体的：

我是一个控制者，过去一直生活在幻觉的迷惑中。

不管是什么原因，也不管我对过去是怎么看的，更不管过去别人是如何对待和辱骂我的，我的行为和对他人的伤害都是错误的。

而我对我采用的虐待行为和方法一直视而不见。

有时我意识到了，表面的愤怒实际是想故意伤害我的妻子，这时我会想："我所做的并没有那么坏，别人比这更坏。"我毫无人性地贬低这一生认识的最宝贵、最可爱的妻子。我从不听她的，也从不去理解她。

现在我正在采取措施来补偿对其他人的伤害，无论多大代价也在所不惜。我知道这可能需要几年的时间。没问题，我在我的后半生会不断地改变自己。

——G.H.，佐治亚州

当发现自己行为造成的影响以及最终失去的东西时，他们会如梦初醒。这时他们通常扪心自问，而不是与别人沟通，他们想感受一下与内心的联系。他们想感受小时候曾有过的感觉，而当时这种感受是无法用语言来表达的。

◎ 已经建立控制关系的人对独立倾向的反应通常是愤怒

有个智商很高、能说会道、世故的人，通过电话咨询，为什么自己会经常在公众场合发怒。在我们讨论的过程中，他与那长久缠绕在他身上的幻觉作斗争，并用自身的体验抓住实质。

我问他："你能和我一起做个实验吗？"

他同意了。

"你现在看着自己的一只手。请你想象，你本想拿起咖啡杯，但你的手却伸向放在一边的报纸。你明白吗？再来，看着你的咖啡杯，仔细看着它，用眼睛的余光，你能看见你的手正去拿那些报纸吗？"

我让他这样做了好几次，接着我问："你的感觉如何？"

"我想对我的手大发脾气，它这么大胆，我想大声喊，我想让它做我想做的，我想控制它。

"知道了，这就是当我妻子说话时，我真正的感受。看到坐在那里的所有人都赞成她的话，只会让情况变得更糟。她看起来是如此……"

"独立？"我问道。

"是的，我的感觉是那么无力。"

"很有可能。"我说，"你把她看成一只手，当作'泰迪'，把她看作假想人。通过你的双眼，她不像一个人，只是被征服的对象。"

随后，他谈了他的想法，希望自己"个人的抗争将有益于他人"。通过那样做，他能创造一条破除幻觉的途径。

"我明白她仍在生气，并感觉受到了伤害。我不知道这一过程会花这样长的时间。

"我一直认为自己拥有良好的人际关系，但这不包括我的妻子。我无法倾听她的痛苦。

"对我来说，手的比喻是完美的。那正是发生在我身上的事情。正是这种力量帮助我认识到保持清醒、有意识的重要性。我不想被幻觉控制。

"对我来说，理解幻觉是非常重要的。

"我因此想得很多，我记起了小时候被对待和联系的方式。我没有独立性，没有个性。我就像那只手，常常因为不以正确的方式'移动'成为指责的目标。随着独立倾向不断被扼制，我的个性也逐步遭到抹杀。"

既然有无数人与我联系讨论这个问题，我敢肯定控制关系已经到处泛滥。从历史的角度来看，它已经存在很长时间了。

童年时代，幻想经常来到我们生活中。当孩子们发现他们的世界无法忍受时，当他们的基本需要得不到满足时，孩子们就可能会创造一个假想的人或一个虚拟的世界，通过控制假想的人并与他们虚拟的世界相联系，来找到安全感。

有些人还没有学会理解他们情感的真谛，有些人被训导不能感受太多，而另有些人则已经被训练得连感觉是什么都不知道了。

◎ 独立，需要勇气；恢复，需要时间

控制者放弃他们的控制关系时，会感到分离的痛苦和忧虑。即便那些人知道真实联系是快乐的源泉，这一过程也是不容易的。

通常情况是，他们从幻觉中醒悟过来时，会非常积极地放弃他们的逆向沟通，有些人甚至警惕自己的思想，制止假装了解他人的不理智想法。

下面是一些已经成功摆脱幻觉控制人的感触：

- "每一天都是一个新的发现，有些是痛苦的，有些已经痊愈，但都是有益的。"
- "我意识到，我不能很好地表达真正想要和需要的东西。"
- "我很高兴从梦境中醒来，并且开始能够对情感和生活有感觉。我希望能够与别人分享这样的生活。我真的想培育并创造这种生活。"
- "就像从创伤中康复过来。尽管进展缓慢，但是，我认为有了进步。一点儿进步也是进步。我看到了变化。"
- "我们现在可以谈论任何事情，我可以倾听她的问题，感觉到她的痛苦，以及承认虐待和控制。我感到一种亲近感正在慢慢地发

展。我非常小心以免再次受到幻觉的控制，事实上，我告诉她，我害怕那样做。我希望在那种事情发生的时候，她能够告诉我。我告诉她，我是多么感激她所做的双倍努力——调整她的情感并监督我的行为。"

承认独立是打破幻觉的魔杖。那些深受幻觉控制的人，可以选择拿起这根魔杖，但是所有的成功都依赖勇气。

独主自立，这需要相当大的勇气，消除由控制关系引起的巨大痛苦需要时间。

我错了。我太自私了。我希望我更快地成长，而不是像橡树成熟所需的时间那么长。我想成为那棵橡树。

——L.V.，圣弗朗西斯科

脱离自我而生活，与其内心相分离，受幻觉控制的人，只能感受到生活的表面。浅显的感觉阻止他们认识真实人生的丰富内涵。结束偏见和歧视的人，需要走一段很长的路，只有如此，他们才能理解并欣赏生活的多样性。

许多以前的控制者从幻觉中清醒过来，他们开始尊重独立和创造的魔方——一个永远变化着形式、颜色、方式、运动和观点的万花筒。

我知道，我们对同一件事有不同的观点，而我自己可以对这些观点进行评价。同意和评价，不是为了成为单一的思想，而是为了交流和经验的分享。

我因与妻子彼此独立而更加完美。我不断地思考，怎样才能成为妻子最好的朋友。这非常有用。

——J.D.，内布拉斯加州

就像世界上没有相同的指纹一样，没有两个人是相同的。既然大自然充满了差异和不断扩展的多样性，那么对不同的人、不同的观点以及独立本身的尊重，就是尊重生活和打破幻觉的一种方式。

放弃将假想人固定在他人身上的行为，对控制者来说是非常可怕的。但通过感受自己的痛苦与恐惧，他们能够重新认识自我。通过不懈的努力，他们会释放真正的感情，最后他们会感觉到与内心真正的沟通。随着自我沟通的增长，逆向沟通的倾向就会因此而削弱。

我为自己的成长和成熟感到非常高兴。走到这一步我将不再回头。我已能深入体会并分辨不同的感受。

——B.J.，艾奥瓦州

原来的控制者现在认识到与其用恐惧、怯懦和蛮横来维持假想人的"生存"，还不如怀着爱心去体会和接受真实的一切。他们从内心深处迸发出强烈的改变自我的意识，这种巨大的精神力量，足以使人不断向好的方面改善自我：清晰地理解自我，耐心体会并诚挚理解所发生的一切，无所畏惧地揭露事情的真相，自由选择想要学习的东西，它使人充满勇气和爱心。

| 第三十章 | 与强制力共舞 |

> 只要人们对控制者视而不见、充耳不闻，控制者
> 存在的世界就会充满困惑，甚至困惑于自己的存在。

正如宇宙能唤起人们的好奇心一样，我们对人类的内心世界也充满了敬意。

◎ 了解自我，是与强制力共存的基础

了解自我能使我们更加深入地看问题，不会被事物的表象所迷惑。与自我的联系使我们与强制力共存。

当以开放的心态去体验我们的感觉、直觉和知觉时，我们在远处就能认出幻觉。通过这种方式，我们就能与强制力为友，并会加强我们与自我联系的意识，以此摆脱幻觉的影响。

我们对自知的渴望是一种神圣的要求，这种要求本身能给生活带来意义和目标。我们对生活意义的需求，就像植物对阳光的需求一样。如

果植物无法接触到阳光，植物就会死亡；如果我们不能找到生活的意义，也会毫无生气。有意义的生活使我们知足，并使我们能够忍受各种磨难，当然，丧失生活的意义，就会威胁到我们的生存。

遍布全世界制造混乱的种子，在无知中发育着，又在意识不到自己的文化中成长。控制关系就是这样的种子。控制者既反对自然，又反对人类的进化。然而矛盾的是，他们造成的大混乱，反而促使我们从无知进化到有知。

我们怀着对知识的渴求来探索无意识行为，这种行为交织在我们周边的世界中。我们渴望揭示这种行为背后的强制力量，更想知道如何应对它们。

我们发现了幻觉，并且知道它是如何表演的。我们听到了控制者使用的语言和符咒。我们知道沟通的需要是意识固有的，因为意识就是普遍的联系。

我们看到有些人，在渴求体验他们的沟通过程中，因为失去了自我意识，而悲哀地把真正的沟通替换了。他们为错误的观念建起了一道门，并把自己锁在里面。多少年来人们都在奋力打开这道门，他们越是愤怒，就会越难以忍受。而有些人发现了打开此门的钥匙。

最能帮助我的就是对分离的认知以及沟通的存在。

——R.T.，马萨诸塞州

◎ 与强制力为友，控制者和被控制者都能摆脱困境

逐渐地，我看到摆脱幻觉的人多了起来，不管他们是受制于幻觉的人还是深受幻觉影响的人。然而，与强制力为友并不意味着不会遇到困

难，他们通常都会遇到困难。但如果他们是为别人的独立而采取行动，将获得与周围人群的和谐。他们与强制力为友，强制力也会支持他们。当我们认知并体验与自我的联系时，我们的日常经历就会不断地给我们与强制力结盟的机会。

如果杰克的父母与强制力为友的话，他们会说："噢，你的膝盖受伤了，让我看看。你累了吗？你疼吗？"

我们受伤的时候多半是这么做的，关心受伤的部位，小心看护，照顾我们自己。

通过与强制力结盟，我们维护自己的独立，表明我们既不接受也不想理解无意识。我们识别了无意识的本质。当我们支持自由、真理和相互联系时，便获得了力量。通过尊重他人不同的内心世界，我们就尊重了宇宙的"意愿"，而且宇宙也会支持我们。

与强制力为友的人，实际上以不同于那些反对他的人的方式体验着生活。比如，他们不像受制于强制行为的人那样，强行要求别人效忠，因为他们已经从接近他们的人那里自然获得了忠诚。

控制者强制效忠，而忠诚不会对任何人提出要求。它就像免费赠送的黄金一样，是对人、集体、事业或理想产生的崇高的敬意和尊重。忠诚是自觉而又很难忘却的。

被控制的人和成功摆脱控制的人每天都在出现，他们准备去体验个人的自由，给自己下定义以及创造有意义的生活。

控制者也在他们的旅途中前进，有时他们会因为受幻觉控制太深而迷失方向。

我刚开始攀登自己的生命之峰。我希望当我到达山顶时，所有那些我下过定义的人都会在山上拥抱我。

——J.H.，加拿大

　　无论是疏导强制力还是压制它，这种力量我们以前一定遇到过。它通过这样那样的方式与我们在一起，唤起我们的自我意识，不断提醒我们所忘却的东西！

专家解答情景测试

情景测试1：测测父母对孩子的控制状况

9-12分　你对子女有过强的控制欲，一般不会做出让步，常常居高临下，把自己的想法强加给子女，常用教导的口吻："你必须""你应该""你一定"。因为平时比较武断，子女往往口服心不服。

　　建议你适当地收敛自己，严格要求而不专横跋扈，给子女一定的自由空间。

5-8分　你对子女有较强的控制欲，也能给孩子一定的民主，但要避免过多的唠叨或说教，对小事不要管得过多。

0-4分　你是一个讲民主的家长，对孩子比较宽松。当然对于原则性的问题比如偷东西、撒谎、逃学等，相信你会严加管教。

　　建议你对孩子宽松民主而不放任自流。

情景测试2：测测夫妻之间的控制状况

9-12分　你过于以自我为中心，对配偶的控制欲过强，如果对方也和你一样，你们家将会战火连绵，鸡犬不宁。

　　建议你能考虑对方的感受，给对方多一点理解。赠君一言：维持婚姻靠"妥协"，而不是靠改造。

5-8分　你对配偶有适中的控制欲，进退有度，拿捏得当，大事过问，小事不计较。祝你家庭和睦幸福。

0-4分　在夫妻之间，你显得有些软弱，过于迁就对方，失去了自我。

　　　建议你不要为了维持婚姻而过多妥协、纵容对方。

情景测试3：测测你与同事之间的控制状况

9-12分　在同事之间，你过于以自我为中心，听不进别人的意见，长此以往会影响你的人际关系。

　　　建议你多给别人一些尊重和理解，谦虚谨慎，严防自傲。

5-8分　你有较强的自信心，既能坚持原则，又不强加于人，收放较为自如，懂得人际交往的策略，相信你的人际关系不会太差。

0-4分　看来你有些缺乏自信，在同事面前不敢坚持原则，很容易被别人左右，长此下去，事业不会有太大的起色。

　　　建议你看到自己的长处，谦虚而不要自卑。

情景测试4：测测你与朋友之间的控制状况

9-12分　在朋友面前，你表现得很自信，既能坚持原则，又敢于拒绝别人，很少受人摆布，但可能有人会说你不够朋友，那就由他说去吧。

5-8分　你的人际关系还不错，但有时谦虚有余，自信不足。

　　　建议你对朋友要襟怀坦白，敢于坚持原则。

0-4分　你经常为面子所累，太在意别人的看法，这是缺乏自信的表现。你这样很容易被人看轻，受人摆布。迁就别人过多，并不能获得真正的友谊。

　　注：以上测试由北京讲心堂心理咨询中心提供，并非正式的标准化测验，所得结论仅供参考。